新时代党员干部学习丛书

中共中央党校（国家行政学院）周文彰 作序推荐
中共中央党校（国家行政学院）冯鹏志 领衔撰写

七大思维训练课

尚传斌◎主　编
白　婧　谭　鹏◎副主编

新　华　出　版　社

图书在版编目（CIP）数据

七大思维训练课 / 尚传斌主编. --北京：新华出版社，2022.12（2025.2重印）
ISBN 978-7-5166-6576-3

Ⅰ. ①七… Ⅱ. ①尚… Ⅲ. ①中国共产党—领导干部—学习参考资料
Ⅳ. ①D261.1

中国版本图书馆CIP数据核字（2022）第223112号

七大思维训练课

主　　编： 尚传斌

出 版 人： 匡乐成
责任编辑： 王　婷　　**封面设计：** 李尘工作室

出版发行： 新华出版社
地　　址： 北京市石景山区京原路 8 号　　**邮　　编：** 100040
网　　址： http://www.xinhuapub.com
经　　销： 新华书店、新华出版社天猫旗舰店、京东旗舰店及各大网店
购书热线： 010-63077122　　**中国新闻书店购书热线：** 010-63072012

照　　排： 李尘工作室
印　　刷： 大厂回族自治县众邦印务有限公司

成品尺寸： 170mm × 240mm
印　　张： 13.25　　**字　　数：** 190千字
版　　次： 2023年1月第一版　　**印　　次：** 2025年2月第二次印刷

书　　号： ISBN 978-7-5166-6576-3
定　　价： 48.00元

本书编委会

序言

当今世界，百年未有之大变局正加速演进，我国正处在实现中华民族伟大复兴的关键时期。在以中国式现代化推进中华民族伟大复兴的新征程上，党员干部的思维方法如何，至关重要。人们常说，“性格决定成败”“细节决定成败”，实际上，从归根结底的意义上说，是思维决定成败。决定党员干部的决策过程、组织能力、执行行为、应对风险、办事风格等行为的，是他们的思维方法；思维方法不同，其实践过程及结果就千差万别。

因此，习近平总书记特别重视党员干部的思维方法。党的二十大报告明确指出：“我们要善于通过历史看现实、透过现象看本质，把握好全局和局部、当前和长远、宏观和微观、主要矛盾和次要矛盾、特殊和一般的关系，不断提高战略思维、历史思维、辩证思维、系统思维、创新思维、法治思维、底线思维能力，为前瞻性思考、全局性谋划、整体性推进党和国家各项事业提供科学思想方法。”深刻学习领会习近平总书记关于七大思维的重要论述，对于在新时代新征程上展现新气象新作为、继续考出好成绩，具有重大而深远的意义。

第一，高瞻远瞩的战略思维。战略问题是一个政党、一个国家的根本性问题。战略上判断得准确，战略上谋划得科学，战略上赢得主动，党和人民事业就大有希望。科学的战略擘画背后是高超的战略思维。党员干部要不断提高战略思维能力，高瞻远瞩、统揽全局，注重从战略上认识和判断经济社会发展总体形势，更好地统筹国内国际两个大局，善于把党和人民事业放到历史长河和全球视野中来精心谋划。

第二，鉴往知来的历史思维。“历史是最好的教科书，也是最好的清醒剂。”历史、现实、未来三者不是孤立的，而是相通的，历史是过去的现实，现实是未来的历史。我们党在团结带领全国各族人民不懈奋斗的过程中，历来重视对历史经验的借鉴和运用。党员干部要不断提高历史思维能力，认认真真学习历史知识，时刻敬畏历史、尊重历史，科学看待历史人物和历史问题，善于运用历史眼光认识发展规律、把握前进方向。

第三，科学周密的辩证思维。毛泽东同志说过，马克思主义有几门学问，但基础的东西是马克思主义哲学。辩证唯物主义是中国共产党人的世界观和方法论。当前，党和人民的事业越是向纵深发展，就越要不断增强辩证思维能力。党员干部要不断提高辩证思维能力，承认矛盾、分析矛盾、解决矛盾，把握好主要矛盾和次要矛盾、矛盾的主要方面和次要方面的关系，善于抓住关键、找准重点、洞察事物发展规律。

第四，总揽全局的系统思维。人类社会发展实践表明，经济社会发展是一项系统工程，必须综合考虑政治和经济、物质和文化、国内和国际等多方面因素。这就要求在经济社会发展中必须坚持系统观念。党员干部要不断提高系统思维能力，发展地而不是静止地、全面地而不是片面地、系统地而不是零散地、普遍联系地而不是单一孤立地观察事物，加强前瞻性思考、全局性谋划、战略性布局、整体性推进，更好地推动经济社会协调发展。

第五，与时俱进的创新思维。创新是一个民族进步的灵魂，是一个国家兴旺发达的不竭动力，也是中华民族最深沉的民族禀赋。越是伟大的事业，越充满艰难险阻，越需要艰苦奋斗，越需要开拓创新，包括理论创新、实践创新、制度创新等。党员干部要不断提高创新思维能力，破除迷信经验、迷信本本、迷信权威的惯性思维，树立强烈的问题意识，解放思想、实事求是，因时制宜、知难而进、开拓创新。

第六，规范严谨的法治思维。宪法第5条第4款规定：一切国家机关和武装力量、各政党和各社会团体、各企业事业组织都必须遵守宪法和法律。任何组织或个人都必须在宪法和法律范围内活动，不得有超越宪法和法律的特权。党员干部要不断提高法治思维能力，认真学习习近平法治思想，牢固树立宪法法律至上、法律面前人人平等等基本法治观念，自觉做到在法治之下、而不是法治之外想问题、作决策、办事情。

第七，防患未然的底线思维。“生于忧患，死于安乐”。历史经验一再告诉我们：形势越好，越要保持清醒头脑，居安思危，增强忧患意识。善于运用底线思维，防患于未然，才能赢得工作的主动权。党员干部要不断提高底线思维能力，准确把握我国改革发展稳定面临的新情况新问题新挑战，增强忧党、忧国、忧民的忧患意识，凡事从坏处准备，努力争取最好的结果，做到有备无患、遇事不慌，牢牢把握主动权。

以上这些思维方法是一个彼此相对独立又相互联系、相互作用、相互统一的有机整体，贯通习近平总书记治国理政的全过程、各领域、各方面，是新时代广大党员干部干事创业的有力思想武器。党员干部在坚持和运用七大思维时，要注重其内在统一性。比如，坚持战略思维与辩证思维的统一，二者集中表现为目标导向和问题导向的关系，体现了目标与问题的统一。

《七大思维训练课》一书紧紧围绕习近平总书记关于治国理政思维方法的重要论述，运用马克思主义立场、观点、方法，坚持理论与实践相统一，阐释与事例相结合，有针对性地提出在工作中提高七大思维能力的基本要求，对党员干部深刻领会七大思维、用好七大思维具有较高的参考价值。该书注重从哲学、管理学、领导学等多学科角度阐述相关问题，内容丰富，形式多样，在每一章开篇引入名言警句，穿插了大量经典案例、哲学故事，深入浅出，引人入胜，可以帮助读者更好地理解书中内容。此外，本书编排精致，双色印刷，语言流畅，通俗易懂，有较强的可读性。

《七大思维训练课》一书由全国党校（行政学院）系统和高校系统部分骨干教师共同参与完成，他们都长期从事教学科研工作，均具有扎实的理论功底和较高的教学科研水平，从而保证了本书高质量撰写、高质量出版。本书是一本内容翔实、系统全面的党政理论读物，可作为新时代党员干部的学习辅导教材、理论工作者的研究参考资料和干部教育培训机构的培训教材。

周文彰
原国家行政学院副院长
中共中央党校（国家行政学院）教授、博导

目录

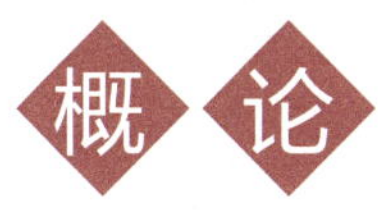

坚持“七大思维”厚筑方法论自信

随着中国特色社会主义进入新时代，习近平总书记从全面提高执政本领尤其是政治领导本领的高度，向全党提出了坚持战略思维、历史思维、辩证思维、系统思维、创新思维、法治思维、底线思维等七个方面的重大战略要求。党的二十大报告也指出，“我们要善于通过历史看现实、透过现象看本质，把握好全局和局部、当前和长远、宏观和微观、主要矛盾和次要矛盾、特殊和一般的关系，不断提高战略思维、历史思维、辩证思维、系统思维、创新思维、法治思维、底线思维能力，为前瞻性思考、全局性谋划、整体性推进党和国家各项事业提供科学思想方法。”这是对党员干部加快塑造与新时代相适应的领导思维能力的精准指引，是对 21 世纪中国与世界之时代特征及其演进趋势的深刻洞察，也是对马克思主义方法论的原创性推进，充分体现了习近平总书记治国理政的实践智慧和哲学精华。深入学习领会习近平总书记相关重要论述及其实践要求，需要深刻把握坚持七大思维的根本前提、时代指向、基本内涵及其对创新马克思主义方法论的重要意义。

立足根本前提

坚持七大思维，首要的也是最根本的，是要以习近平新时代中国特色社会主义思想为指导，坚持学习掌握蕴含和体现在这一思想中的科学的思想方法、领导方法、工作方法。这是坚持七大思维的根本前提。

回顾历史可以看到，坚持以正确的思想理论为指导，注重对蕴含其中的科学思想方法的掌握与运用，是中国共产党的好传统，也是广大党员干部得以形成看家本领的根本前提与科学路径。而这样一种好传统和看家本领之所以能够形成并得到广泛的传承与发扬，最根本的原因，就在于我们党始终坚持从实际出发，坚持问题导向，坚持形成马克思主义中国化新成果，坚持把中国化马克思主义的立场观点方法转化为广大党员干部干事创业的“望远镜”和“显微镜”、攻坚克难的“桥”与“船”，从而极大地增强了广大党员干部研究新情况、解决新问题的能力，极大地加强了我们党在工作上的原则性、系统性、预见性和创造性。

作为当代中国马克思主义、二十一世纪马克思主义，习近平新时代中国特色社会主义思想坚持把马克思主义基本原理同中国具体实际相结合、同中华优秀传统文化相结合，凝聚并彰显了中华文化和中国精神的时代精华，实现了马克思主义中国化时代化新的飞跃。从思维方式及其创新的角度来说，习近平新时代中国特色社会主义思想的形成，正是我们党在坚持以马克思主义基本原理为指导的前提下，既深刻洞察新形势新实践及其提出的诸多具有系统性、战略性、创新性、复杂性、规则性和风险性的问题，又敏锐地将这种实践洞察转化为主体思维的自主升华和自觉建构，进而以由此确立起来的战略思维、历史思维、辩证思维、系统思维、创新思维、法治思维和底线思维进行一系列具有历史变革意义的实践创新和理论创造的思想成果，是通过这样一套科学的思维方式而把握到的时代精神、实践智慧和文明新蕴的精华。

因此，坚持以习近平新时代中国特色社会主义思想为指导，注重把握蕴含在这一思想中的科学的思想方法、领导方法、工作方法，不仅将为我们深入领悟习近平总书记关于坚持七大思维的重要论述提供科学的世界观和方法论指导，也必将为我们在实践中掌握和坚持新时代的领导思维提供最好教材和最生动示范。

聚焦时代课题

坚持七大思维，要紧紧围绕新时代坚持和发展什么样的中国特色社会主义、怎样坚持和发展中国特色社会主义，建设什么样的社会主义现代化强国、怎样建设社会主义现代化强国，建设什么样的长期执政的马克思主义政党、怎样建设长期执政的马克思主义政党等重大时代课题，注重从根本宗旨、问题导向和忧患意识等基本维度去拓宽领导思维视野、提高领导思维能力。这是坚持七大思维的时代指向。

党的十八大以来，习近平总书记站在辩证唯物主义和历史唯物主义的高度，在坚信和坚持中国特色社会主义道路的前提下，创造性地提出坚持以人民为中心的发展思想和创新、协调、绿色、开放、共享的新发展理念，旗帜鲜明地提出推动全体人民共同富裕取得更为明显的实质性进展，不仅实现了在社会主义本质论问题上重大的原创性贡献，也为我们党在如何坚持和完善中国特色社会主义这一重大问题上确立了一种真理与价值高度统一的、自觉自信的思维方式。它深刻地表明，中国共产党人的社会主义观和与之相适应的治国理政方法论，已经完整地把握住了社会主义的两个客观必然性基础，即生产力发展的根本作用和趋势、人民群众的历史地位和价值选择及其有机统一。

习近平总书记关于坚持七大思维的重要论述和要求，不仅从治国理政方法论的维度深刻回答了我们党所坚持的政治立场、价值导向、发展格局、治理模式等重大问题，而且从真理与价值相统一的层面深刻阐明了领导干部如何提升领导思维和执政本领的根本立场、基本路径与精神状态等重大问题。概括来说就是：要坚持从根本宗旨去把握和运用七大思维，坚持以发展为了人民、发展依靠人民、发展成果由人民共享为前提去掌握和提升七大思维能力，这是坚持七大思维的根本出发点和落脚点。要坚持从问题导向去把握和运用七大思维，根据新发展阶段的新要求，更加精准地把握新发展理念的内涵和切实解决好发展不平衡不充分的问题，这是坚持七大思维的重要观念指导和行动模式遵循。要坚持从忧患意识去把握和运用七大思维，在深刻把握我国社会主要矛盾变化、国际力量对比深刻调整和我国发展面临的内外部风险空前上升的基础上，坚持以斗争精神和高超斗争本领随时准备应对更加复杂困难的局面，这是坚持七大思维必须自觉确立起来的实践姿态与精神状态。

事实上，在马克思主义哲学思维的视野和理解中，真理与价值、方法与立场从来都是不可分割的，“以何为理”“以何为法”首先要取决于“以谁为本”“以谁为主”。中国共产党人坚持以马克思主义的辩证唯物主义和历史唯物主义为指导，坚持以人民为中心的发展思想，这就决定了它必然要以人民群众的实践活动及其历史选择、历史成果为本为主，建构出与之相适应的独到的思想方法和思维方式。

掌握辩证蕴含

坚持七大思维，要坚持以新时代正在干的事情为中心，在围绕中心、服务大局的整体性实践中去把握七大思维的科学内涵及其相互关系，把我们从战略思维、历史思维、辩证思维、系统思维、创新思维、法治思维和底线思维等方面展开的思维塑造实践和领导能力提升，统一在领悟和呼应“国之大者”的整体实践之中。这是坚持七大思维的基本蕴涵。

习近平总书记对七大思维的阐发和强调无疑有着特定的具体实践指向。坚持战略思维，要求我们高瞻远瞩、统揽全局，善于把握事物发展整体趋势和方向；坚持历史思维，要求我们把握历史发展规律和大势，善于抓住历史变革时机，顺势而为、奋发有为；坚持辩证思维，要求我们承认矛盾、分析矛盾、解决矛盾，善于抓住关键、找准重点、洞察事物发展规律；坚持系统思维，要求我们统筹国内国际两个大局和坚持全国一盘棋，善于进行前瞻性思考、全局性谋划、战略性布局、整体性推进；坚持创新思维，要求我们破除迷信、超越过时的陈规，善于因时制宜、知难而进、开拓创新；坚持法治思维，要求我们坚持党的领导、人民当家作主和依法治国有机统一，坚持公平正义，善于运用法治方式深化改革、推动发展、化解矛盾、维护稳定、应对风险；坚持底线思维，要求我们居安思危、未雨绸缪，善于在危机中育新机、于变局中开新局。

显然，七大思维无论是在理论内涵还是实践针对性上，既有区别又有联系，既有重点又有关联。但我们需要看到的是，这里的根本问题在于：

从总体上看，七大思维的提出，本质上基于习近平总书记对新时代新特征新趋势的整体性洞察，根源于习近平总书记对于新实践新要求新任务的整体性把握，它不是外在于中国特色社会主义实践的单纯的思维构造及其逻辑论证，也不是各自孤立、相互离散的思维形式，而是一整套生成于并统一于坚持和发展中国特色社会主义实践中的完整的实践智慧结晶，也必然要求广大领导干部对七大思维的把握、塑造与运用，必须达到一种把真理与价值、普遍与特殊、整体与部分有机统一起来的水平。

从关系上看，七大思维中，坚持战略思维是统领、坚持历史思维是前提、坚持辩证思维是根本、坚持系统思维是基础、坚持创新思维是关键、坚持法治思维是尺度、坚持底线思维是保障。它们相互呼应、相互关联，统一于坚持和发展中国特色社会主义、建设社会主义现代化强国、建设长期执政的马克思主义政党和实现中华民族伟大复兴的历史实践之中。

把握升华特质

从中国特色的实践思维的视野来看，七大思维不仅是新时代广大领导干部需要掌握的领导思维本领，更是从中国道路、中国实践中升华凝练而成的具有时代前瞻性、理论原创性与实践引领性的中国化马克思主义的方法论。

习近平总书记指出，“解决中国的问题，提出解决人类问题的中国方案，要坚持中国人的世界观、方法论”，“改革开放是前无古人的崭新事业，必须坚持正确的方法论”。不论是坚持“中国人的方法论”还是“正确的方法论”，其本质特征都要求我们党在治国理政的实践中，坚持实践第一的基本观点和实事求是的思想路线，根据时代特点和实践要求形成中国共产党人具有时代性、全局性、进步性、前瞻性和自觉性的科学的实践思维，从而在实践中达到具体问题具体分析、具体情况具体应对、具体矛盾具体化解、具体任务具体指导。这是马克思主义方法论之所以能够始终保持生命力与创新活力之所在，也是习近平总书记提出坚持七大思维原创性建构的方法论根基所在。

由此来看，七大思维的提出，在很大意义上正是从马克思主义方法论的层面建构和展现出来的具有中国特色、中国风格、中国气派的我们党治国理政的方法论智慧及其思维创新气象。它不仅为我们党和全体党员干部在新的历史条件下如何坚持马克思主义方法论提供了与时俱进的领导思维建构及其丰富内容，而且这些建构与内容又通过具体地指导和推动新时代中国特色社会主义实践本身，不断地深化和推进了我们党对马克思主义方法论的理解、把握、运用和创新，从而为我们党能够始终以发展的观点坚持和发展马克思主义立场观点方法，为广大党员干部能够始终坚持和掌握马克思主义方法论，提供了具有原创性、主体性的创新引领。

具体来看，党的十八大以来，正是由于坚持七大思维，我们党深刻把握了两个大局这一新时代我国经济社会发展的新变化新特点；科学揭示了满足人民美好生活向往这一新时代党和国家事业发展中必须解决好的问题；在兼顾愈益复杂的重大关系和利益关系的基础上取得了全面建成小康社会的伟大历史成就；在理论创新和实践创新的良性互动中实现了中国化马克思主义的新发展与中国特色社会主义事业的新推进及其交相辉映；在坚持全面深化改革的基础上迈向了坚持和完善中国特色社会主义制度、推进国家治理体系和治理能力现代化的新阶段；创造性提出了新发展理念并推动了构建新发展格局和实现高质量发展的成功展开；创造性提出了“江山就是人民、人民就是江山”的重要思想，既推动了改革发展成果更多更公平惠及全体人民和共同富裕取得更为明显的实质性进展，也为成功跳出历史周期率提供了基本遵循，等等，从而全面展现了习近平新时代中国特色社会主义思想在坚持和发展马克思主义方法论上的新高度新境界新水平。

坚持以习近平新时代中国特色社会主义思想为指导，在坚持中国道路、扎根中国实践、丰富中国经验、坚定中国自信中坚持七大思维、掌握七大思维、践行七大思维，并努力从理论自信与实践自觉的结合上去总结提炼好坚持七大思维的实践运用成果，不仅将为广大党员干部成为新时代高素质执政骨干提供基本的路标，也必将为我们党锤炼出更加系统完备的当代中国马克思主义和二十一世纪马克思主义的方法论，延伸出坚实宽广而富有成效的路径。

冯鹏志

中共中央党校（国家行政学院）哲学教研部主任、教授、博导

第一课

提高战略思维能力 高瞻远瞩统揽全局

经典语录

现在，我们要全面建成小康社会和实现社会主义现代化，有许许多多的重大问题需要进行战略谋划。凡是涉及我国经济、政治、文化、社会、生态、外交、国防和党的建设的全局性重大问题，都需要从战略上进行思考、研究和筹谋；凡是涉及改革发展稳定工作中的各种重大问题，也都需要从战略上拿出治本之策。

——习近平总书记在中央党校（国家行政学院）2012 年秋季学期开学典礼上的讲话

重视战略思维是马克思主义政党一以贯之的要求，是中国共产党人的优良传统和独特优势。习近平总书记指出，战略问题是一个政党、一个国家的根本性问题。战略上判断得准确，战略上谋划得科学，战略上赢得主动，党和人民事业就大有希望。一百年来，党总是能够在重大历史关头从战略上认识、分析、判断面临的重大历史课题，制定正确的政治战略策略，这是党战胜无数风险挑战、不断从胜利走向胜利的有力保证。① 建党百年来，我们党积累了丰富的战略思维经验，形成具有中国共产党人战略思维的鲜明特色。当前，世界正面临百年未有之大变局，中华民族伟大复兴已进入不可逆转的历史进程，这就要求我们更加重视战略思维，更加珍惜历史经验，要求党员干部在新的实践中努力增强战略思维的自觉性，正确理解战略思维的理论与方法，切实提高战略思维能力。这对于我们破解新时代治国理政中的难题，推动各项事业不断迈上新台阶，具有重大意义。

第一节　深刻领会战略思维的科学内涵与重大意义

战略思维作为古今中外治国理政运筹谋划的重要思维方式，是中国革命、建设与改革事业战无不胜的重要法宝。战略思维对党员干部深刻领会党的战略布局，自觉保持战略定力有着至关重要的作用。理解战略思维的科学内涵，把握战略思维的重大意义，是党员干部提高战略思维能力的重要前提。

一、战略思维的科学内涵

从思想史的角度看，“战略”一词最初源于军事领域，是指对战争全局的计划和策略。随着社会生活实践的不断拓展丰富和社会交往活动的日益增多，“战略”这一概念逐渐被广泛运用于政治、经济、文化、科技、外交等各个实

① 参见《继续把党史总结学习教育宣传引向深入 更好把握和运用党的百年奋斗历史经验》，《人民日报》2022 年 1 月 12 日。

践领域，出现了例如“企业战略”“科技战略”“国家战略”“全球战略”等概念，泛指对长远的、全局性的、高层次重大问题的谋划与指导。

战略思维就是人们对战略问题进行理性认识和科学谋划的思维方式。中国共产党人历来强调战略思维的重要性。从毛泽东提出“战略问题是研究战争全局的规律的东西”到邓小平强调“用宏观战略的眼光分析问题”，从江泽民提出“必须抓住和用好本世纪头20年的重要战略机遇期”到胡锦涛强调“坚持用全球战略眼光观察和谋划国内发展和对外开放”，战略问题始终受到中国共产党的高度重视。进入新时代，习近平总书记同样高度重视战略问题，强调战略思维“永远是中国共产党人应该树立的思维方式”。百年来，中国共产党人特别是党的领导人提出了丰富的关于战略问题的论述，为我们准确把握战略思维的科学内涵提供了重要的理论支撑。习近平总书记指出：“战略思维能力，就是高瞻远瞩、统揽全局，善于把握事物发展总体趋势和方向的能力。”① 这一论述概要提出了战略思维的主要内涵，即战略思维是指从全局性视角和长远性眼光辩证地观察、思考和处理问题的思维方式，是科学世界观和方法论在实际工作中的具体运用。战略思维要求高瞻远瞩，统揽全局，把握事物发展总体趋势和方向，具有前瞻性、全局性、长远性和根本性的特征。

（一）战略思维是一种前瞻性思维

前瞻性就是准确的战略预见，是指通过对事物发展规律的认识和有关信息的掌握对事物发展方向做出科学预测。它要求具有见微知著的能力，要求看问题能运用普遍联系、矛盾发展的辩证统一观点，既能明确战略目标实现的可能性，又有超前意识避免保守主义。针对1938年4月26日汉口《大公报》对徐州会战发表的“准决战”这一社论，毛泽东基于对抗日战争的判断，指出抗日战争是一场持久战，中国人民最终将取得战争的全面胜利，并预见了整个抗日战争将经过“敌之战略进攻、我之战略防御”“敌之战略保守、我之准备反攻”“我之战略反攻、敌之战略退却”的三个阶段。《论持久战》充分体现了毛泽东在战争时期的战略前瞻性。新时代中国共产党基于面临的新形

---

① 中共中央宣传部：《习近平总书记系列重要讲话读本（2016年版）》，人民出版社2016年版，第286页。

势、新任务、新挑战对国家发展方位和态势做出了许多具有前瞻性的战略判断，为国家发展的战略决策提供了重要的战略指导。

（二）战略思维是一种全局性思维

全局由局部构成，但不是局部的简单机械叠加，而是由相互联系、相互作用的各局部组成的有机统一体。从全局的视角看问题，是战略思维在空间维度的体现。战略思维必然要有统摄全局的特征，一切着眼于全局，并统筹兼顾各个部分。古人云：不谋全局者，不足以谋一域。毛泽东在《中国革命战争的战略问题》中讲道："懂得了全局性的东西，就更会使用局部性的东西，因为局部性的东西是隶属于全局性的东西的。"邓小平也指出，"全局问题解决了，局部问题就好解决了"。习近平总书记在不同场合的讲话中多次强调，领导干部要统揽全局，树立大局意识，要从全局、从整体、从大局看问题，要观大势、谋大事。中国共产党人善于运用世界眼光和战略思维，把全局作为观察和处理问题的出发点和落脚点，以全局利益作为最高价值追求，科学分析党和国家事业，从而作出准确的战略判断。

（三）战略思维是一种长远性思维

长远性强调以过程的角度，尤其要从趋势、方向的角度去观察和处理问题。从长远的角度看问题，是战略思维在时间维度上的体现，它要求既要立足当前、抓好当前，又要面向未来、着眼长远。正如恩格斯在《费尔巴哈论》中所指出的，世界不是既成事物的集合体，而是过程的集合体。战略思维要求必须充分看到事物发展的过程性，善于从过程中把握事物发展的规律，善于把眼前的问题放在过程中加以分析判断，从而实现历史、现实和未来的有机统一。毛泽东强调，对战略思维全过程的把握，不能"走一步看一步"，要能够"走一步看几步"，甚至"走一步看全步"。习近平总书记也强调："以更宽广的视野、更长远的眼光来思考和把握未来发展面临的一系列重大战略问题。"

（四）战略思维是一种根本性思维

根本性是指透过纷繁复杂的表面现象抓住事物的内在本质及其变化发展的内在规律。唯物辩证法告诉我们，简单事物之间的主要矛盾和复杂事物内部矛盾的主要方面，决定了事物发展的总体趋势和前进方向，具有根本性。

战略思维的核心要义就是破解问题，实现战略目标，因此要求必须深谙问题的实质，也就是要善于把握事物的本质和发展的总体趋势，抓住事物的主要矛盾和矛盾的主要方面。1946 年 6 月，全面内战爆发，在极其严峻的形势面前，毛泽东从客观存在出发，抓住战争的根本，透过现象看本质，发表了“一切反动派都是纸老虎”的著名论断。这一论断充分体现了战略思维在破解各种难题、驾驭复杂局面时的根本性特征。

二、坚持战略思维的重大意义

党的十八大以来，习近平总书记从党和国家事业发展全局的高度，多次就提高党员干部战略思维能力作出一系列重要论述。党员干部涵养战略思维，培养战略思维能力，对全面建设社会主义现代化强国，实现中华民族伟大复兴具有重大意义。

（一）有助于提高解决实际问题的能力，是妥善处理各种社会矛盾的现实需要

任何实际工作都要面对处理全局和局部关系、眼前利益和长远利益关系、普遍性与特殊性关系等，运用战略思维妥善处理好这些关系问题，是每个党员干部都应具备的工作能力。一个地区、一个部门、一个单位或者具体到每个人的工作，如果仅从局部、眼前、表象的层面看问题想事情，必然眼界受限、胸襟狭隘，必然站不高、看不远、想不深，工作得过且过。当前我们正处在建设社会主义现代化国家的历史关键期，处在内外形势日趋复杂、各种社会矛盾凸显的敏感时期，各个部门各项工作中都存在不少难题需要解决。这些难题能否妥善处理，不仅关系到具体工作任务的完成程度和效果，更直接关系到党的执政地位的巩固和社会稳定。

这就需要我们党员干部不断提高战略思维能力，站在统揽全局的战略高度，从党和国家的整体利益和人民群众的长远利益出发进行科学引导和妥善处理，始终站在战略全局的高度想问题办事情，更好地服从服务于党和国家改革发展稳定大局，以保证整个社会的协调有序；坚持统筹兼顾的战略方法，分清主要矛盾与非主要矛盾、国内矛盾与国际矛盾、当前矛盾与长远矛盾，

将“重点论”和“两点论”有机结合起来，不断提高分析问题和处理矛盾的能力。

（二）有助于增强应对风险挑战的能力，是准确把握时代发展变局的客观需要

当今世界正在发生深刻复杂变化，我国发展仍处于重要战略机遇期，但风险挑战也十分严峻，新冠肺炎疫情、全球经济衰退、气候变化异常、金融资本治理等各种问题不断带来新的考验。习近平总书记多次强调，党员干部要“观大势、谋大事”，要“胸怀大局、把握大势、着眼大事”。这里的观势谋事就是战略思维的一个重要方面。观大势与谋大事是相辅相成的关系，观大势是为了谋大事、谋全局。只有正确地认清和把握大势，才能够充分利用大势，顺应事物发展的趋势去谋大事、做大事、干实事。只有当我们对整个格局有了深刻理解的时候，才能做好局部性的工作。尽管在实际工作中许多情况下不同部门和单位各负其责、各司其职，但不能只顾自己的“一亩三分地”，而是要将眼光放长远，要从全局的角度看待自己的职责和工作。

这就要求我们具备统揽全局的战略思维，做到审时度势、因势利导，善于观大势、谋大事，能够从战略上把握形势发展规律，增进对世界历史和现实情况的了解，增强判断发展机遇和风险挑战的前瞻性。因此，观大势就是说看问题、想事情要有历史眼光和全球视野，观国内外形势发展变化的大势，观潜在的不利因素发展变化的大势，把党和人民事业放到历史长河和全球视野中谋划。那么，党员干部“必须牢固树立高度自觉的大局意识，自觉从大局看问题，把工作放到大局中去思考、定位、摆布，做到正确认识大局、自觉服从大局、坚决维护大局”。①

（三）有助于提升党的执政能力和水平，是科学破解党的建设难题的内在需要

党的建设是一项系统工程，关涉党的生死存亡、国家兴衰和民族命运，直接彰显着党的执政能力和领导水平。党的建设的独特属性，决定了必须运用战略思维开拓视野、明确方向、树牢立场。当前，国内外环境的深刻变化

① 习近平：《办公厅工作要做到“五个坚持”》，《秘书工作》2014年第6期。

对中国共产党长期执政能力和领导水平的要求发生了深刻的变化。复杂严峻的形势环境之下使得我们党领导改革发展稳定的任务之重，矛盾风险挑战之多都前所未有，尤其是对党的自身建设也提出了更高要求。

这就要求中国共产党顺应新形势下世情、国情、党情的新变化，全面加强党的建设，从战略高度全面谋划与统筹推进，科学分析国际国内经济政治形势的新变化新特点，才能破解党的建设和发展的困境难题，使自身的思想作风、工作作风、领导体制、领导方式和领导方法适应深刻变化了的形势，使党永葆先进性和战斗力。“全党要增强紧迫感和责任感，牢牢把握党的建设总要求，不断提高党的领导水平和执政水平、提高拒腐防变和抵御风险能力，使我们党在世界形势深刻变化的历史进程中始终走在世界前列，在应对国内外各种风险和考验的历史进程中始终成为全国人民的主心骨，在坚持和发展中国特色社会主义的历史进程中始终成为坚强的领导核心”。① 党的建设本身就是一项全面性、系统性的工程，从根本上解决当前党在发展中面临的问题必然需要战略思维。党的建设有了科学战略思维的支撑，才能达到应有的高度、广度和深度。

【延伸阅读】

革命战争中的“战略思维”

毛泽东在《中国革命战争的战略问题》中提出：“战略问题是研究战争全局的规律性的东西。”所以，战略思维首先是关于实践活动的全局性思维，是以全局利益为最高追求的思维。毛泽东作为战略大家，把全局和局部的关系比喻成棋局，提到战略层面在党内大力提倡，躬身践行。

坚持联系的观点，处理好全局与局部的关系

1947 年 3 月，国民党军队以 30 多万兵力进攻延安，毛泽东决定放弃延安。当时延安的许多军民从感情上不能接受。为什么要放弃延安？毛泽东讲道：“我们要以一个延安换取全中国。”“我军打仗，不在一城一地的得失，而在于

① 习近平：《习近平谈治国理政》，外文出版社 2014 年版，第 15 页。

消灭敌人的有生力量。存人失地，人地皆存；存地失人，人地皆失。”

扭住关键局部，是掌控全局的密码

辽沈战役这个局部在全国解放战争的全局中就是关键点、是核心、是枢纽，但我们也要看到，在辽沈战役中同样有影响全局的关键局部，那就是锦州。锦州就像一条扁担，一边挑着东北，一边挑着华北，关联着辽沈战役与平津战役。所以，攻克锦州，卡住敌人的脖子，关死东北向关内的大门，形成“关门打狗”之势，这是“重要至极”的战略问题。所以，在选择关键局部的问题上，毛泽东与林彪多次发生激烈争执。仅 1947 年 10 月 3 日到 4 日，毛泽东就向林彪发出了两封“战锦”电报，言辞激烈，最终说服了林彪。

——选自毛泽东思想生平研究会：《毛泽东与人民军队新论》，陕西人民出版社，2018 年。

第二节　中国共产党运用战略思维的实践历程

中国共产党历来高度重视战略问题，善于运用战略思维。百年来，我们党之所以能够抓住不同历史时期的主要任务和主要矛盾，制定正确的战略策略，战胜无数风险挑战，取得革命、建设、改革、发展的伟大胜利，一个重要原因就在于我们党始终坚持战略思维，牢牢把握战略主动，坚定不移实现战略目标。对中国共产党百年来运用战略思维的探索与实践的考察，可以深入理解中国共产党执政兴国的历史经验，增强以战略思维高瞻远瞩、统揽全局的理论自信与实践智慧。

一、十八大之前党运用战略思维的探索实践

党的十八大之前，党运用战略思维在新民主主义革命时期、社会主义革命和建设时期、改革开放和社会主义现代化建设新时期面对不同的风险和挑战，不断学习和总结，形成了独具特色的中国共产党人的战略策略，为中华民族的伟大复兴提供了强有力的战略支撑。

（一）新民主主义革命时期

新民主主义革命时期，以毛泽东同志为主要代表的中国共产党人创造性地把马克思主义基本原理同中国实际相结合，将战略思维应用于战争实践，展现出高瞻远瞩的战略预见、胸怀全局的战略部署、审时度势的战略策略，取得了新民主主义革命的胜利。

1. 中国革命道路中的战略思维。大革命失败之后，不少同志对革命的前途产生动摇。毛泽东总结经验教训，深刻分析中国社会形态和阶级状况，弄清了中国革命的性质、领导力量、依靠力量、团结对象、革命对象等革命基本问题，提出通过新民主主义革命走向社会主义的两步走战略，制定了新民主主义革命总路线，探索出一条农村包围城市，武装夺取政权的革命道路。正是这条道路的出现，及时解决了中国革命进程中的难题，改变了中国的命运，对中国革命的整个战略布局起着决定性作用。

2. 中国革命战争中的战略思维。针对中国革命战争的特点，毛泽东提出了一整套关于中国革命战争的战略战术理论。土地革命战争时期，毛泽东指出，敌人的“围剿”和红军的反“围剿”是革命战争的主要形式，并在此基础上提出了“积极防御”的战略方针，从战略防御中争取胜利。同时，也将运动战提升为红军的主要作战方式。1936 年 12 月，毛泽东在《中国革命战争的战略问题》一文中系统地阐明了中国革命战争的战略问题，对第二次国内革命战争经验进行了理论总结。抗日战争时期，针对国内流传的“亡国论”“速胜论”错误思想，毛泽东在《论持久战》中科学地预测了抗日战争要经过战略防御、战略相持、战略反攻三个阶段，系统分析了中日战争双方的特点，得出中国必胜的结论。抗日战争的胜利，充分彰显了毛泽东战略思维的预见性和科学性。

（二）社会主义革命和建设时期

社会主义革命和建设时期，以毛泽东同志为主要代表的中国共产党人，结合新的实际丰富和发展毛泽东思想，将战略思维运用于社会主义革命和建设的重大问题，为建设有中国特色的社会主义提供了重要思想准备和实践基础。

1. 独立探索社会主义建设道路中的战略思维。新中国的成立，标志着社会主义现代化建设成为中国共产党战略谋划的首要任务。毛泽东同志深刻总结国际共产主义运动中的教训，针对我国社会主义建设初期面临的新问题，提出“以苏为戒”，从中国实际出发独立探索中国社会主义道路的战略思想。他提出正确处理“十大关系”，调动一切积极因素为社会主义建设服务的战略方针；提出并系统阐述关于社会主义社会矛盾的学说，作出正确处理人民内部矛盾已经成为国家政治生活主题的战略判断，为正确把握我国社会主义事业全局提供了正确的战略指导。

2. 初步探索制定社会主义现代化建设战略目标和战略步骤。新中国成立后，我国经济、政治、文化等各方面都比较落后，以毛泽东同志为主要代表的中国共产党人理论联系实际，逐步提出了实现“四个现代化”这个国家发展的重大战略目标和“两步走”的战略步骤。“四个现代化”战略目标和“两步走”战略步骤，是新中国成立后中国共产党战略思维在领导国家建设和经济社会发展中的科学运用，为建设社会主义指明了前进的方向，对改革开放后党建设有中国特色的社会主义提供了重要的借鉴意义。

（三）改革开放和社会主义现代化建设新时期

改革开放和社会主义现代化建设新时期，我们党运筹帷幄，科学把握战略思维，创立了邓小平理论，形成了“三个代表”重要思想和科学发展观，为中华民族富起来提供了强有力的战略支撑。

1. 邓小平理论的战略思维。党的十一届三中全会之后，我国社会主义建设进入改革开放新时期，以邓小平同志为主要代表的中国共产党人，深刻总结我国和世界社会主义历史经验，第一次从战略上系统回答了建设中国特色社会主义的一系列基本问题，形成了邓小平理论的战略思维。包括从政治的战略高度重新确立党的“解放思想，实事求是”思想路线；从时代和国际形势的战略高度作出了改革开放的伟大战略抉择；从经济建设的战略高度提出“三步走”基本实现社会主义现代化的战略步骤；从国家统一的战略高度提出“一国两制”实现祖国和平统一的战略构想等，中国经济社会发展进入快车道。

2.“三个代表”重要思想的战略思维。在世纪之交，以江泽民同志为主要代表的中国共产党人集体运用战略思维观察世界新变化、分析中国新发展，形成了“三个代表”重要思想，强调以发展先进生产力为根本的战略思维，以弘扬先进文化为支撑的战略思维，以坚持人民根本利益为归宿的战略思维，从战略全局的高度创新性回答了在新的历史条件下，“建设什么样的党、怎样建设党”的重大战略问题，及时避免了走上苏联亡党亡国的老路。“三个代表”重要思想是新世纪中国共产党建党治国的根本性战略思维，为新时期我们党的建设提供了科学的战略指引。

3. 科学发展观的战略思维。党的十六大以后，以胡锦涛同志为主要代表的中国共产党人，深刻认识和回答了新形势下“实现什么样的发展，怎样发展”等重大问题，形成了科学发展观，是我们党在重要战略机遇期创造性提出的重大战略思维。科学发展观的战略思维强调坚持“以人为本”的战略目标，强调坚持全面协调可持续发展的战略要求，强调坚持统筹兼顾的根本战略方法，成功在新形势下坚持和发展了中国特色社会主义。

二、进入新时代党运用战略思维的具体实践

党的十八大以来，中国特色社会主义进入新时代，以习近平同志为核心的党中央科学谋划全局，牢牢把握战略主动，围绕实现社会主义现代化和中华民族伟大复兴的战略目标，提出一系列新理念新思想新战略，以“五位一体”总体布局和“四个全面”战略布局为战略谋划，统筹世界发展百年变局和民族复兴战略全局，集中体现了新一届党中央高瞻远瞩的战略思维，为党和国家事业发展指明了前进的方向。

（一）以实现社会主义现代化和中华民族伟大复兴为战略目标

党的十八大以来，以习近平同志为核心的党中央，在新的历史条件下强调实现社会主义现代化和中华民族伟大复兴这一战略目标。这是我们党对新时代中国特色社会主义事业发展进行前瞻性、全局性、系统性思考的战略成果，也是治国理政进行一切战略谋划和战略布局的核心和基础。要实现社会主义现代化和中华民族伟大复兴的战略目标，就要制定科学的发展战略。党的十九大正式明确了“两个一百年”奋斗目标的具体内涵和实现的时间表、

路线图。党的二十大再次明确，“全面建成社会主义现代化强国，总的战略安排是分两步走：从二〇二〇年到二〇三五年基本实现社会主义现代化；从二〇三五年到本世纪中叶把我国建成富强民主文明和谐美丽的社会主义现代化强国”。[①] 可以看到，从全面建成小康社会到基本实现社会主义现代化，再到全面建成社会主义现代化强国，这是我们党把长远战略目标与阶段性发展结合起来做出的一系列既相互联系又层层递进的战略安排，彰显了我们党与时俱进、实事求是的战略品格。

（二）以统筹世界发展百年变局和民族复兴战略全局为战略环境

战略环境的精准判断，是战略思维实践展开的重要依据。以统筹世界发展百年变局和民族复兴战略全局为战略环境，是以习近平同志为核心的党中央审时度势作出的系统性前瞻性判断。习近平总书记明确提出：“领导干部要胸怀两个大局，一个是中华民族伟大复兴的战略全局，一个是世界百年未有之大变局。”[②] 正是在科学审视国际国内两个大局的战略环境下，我们党以此为谋划工作的出发点，主动出击，放大格局，对治国理政的战略任务进行谋篇布局，形成了新时代中国共产党治国理政战略思维的一系列重要内容。当前，“加快构建以国内大循环为主体、国内国际双循环相互促进的新发展格局”就是我们党谋篇“十四五”提出的一项关系我国发展全局的重大战略任务。加快构建新发展格局，就必须在统筹“两个大局”中把握“重要战略机遇期”。在党的二十大报告中，习近平总书记强调：“当前，世界百年未有之大变局加速演进，新一轮科技革命和产业变革深入发展，国际力量对比深刻调整，我国发展面临新的战略机遇。”[③] 基于此，我们必须保持战略定力，“善于在危机中育先机、于变局中开新局”。

---

① 习近平：《高举中国特色社会主义伟大旗帜 为全面建设社会主义现代化国家而团结奋斗——在中国共产党第二十次全国代表大会上的报告》，人民出版社 2022 年版，第 24 页。

② 《习近平谈治国理政》第 3 卷，外文出版社 2020 年版，第 77 页。

③ 习近平：《高举中国特色社会主义伟大旗帜 为全面建设社会主义现代化国家而团结奋斗——在中国共产党第二十次全国代表大会上的报告》，人民出版社 2022 年版，第 26 页。

（三）以协调推进“五位一体”总体布局与“四个全面”战略布局为战略谋划

“五位一体”总体布局，是以习近平同志为核心的党中央根据中国特色社会主义实践的不断深入，继承党对中国特色社会主义事业总体布局的战略思维逐步发展而成。“五位一体”总体布局从战略全局出发，在兼顾经济发展的同时，又统筹社会发展的方方面面。协调推进“五位一体”总体布局，既反映了中国特色社会主义的内在要求，标志着我们党对社会主义建设规律的认识达到了一个新的高度，又深刻体现了党的战略思维在国家和民族事业发展中的重要价值。坚持战略思维，必须统筹规划，以中华民族伟大复兴为战略目标，促进各要素协同发展。“四个全面”战略布局，是以习近平同志为核心的党中央在面临着前所未有的重要战略机遇并伴随着诸多风险挑战中，从战略层面对中国特色社会主义进行的战略谋划与全面部署。习近平总书记指出，“四个全面”战略布局，“每一个‘全面’都具有重大战略意义，是我们党在新形势下治国理政的总方略”。① “四个全面”之间相辅相成，共同为今后的发展提供了战略方向。“五位一体”总体布局和“四个全面”战略布局，高屋建瓴、统揽全局，开辟了党中央治国理政的新境界，是新时代党的战略思维在实践中的重要体现。

【延伸阅读】

“韬光养晦，有所作为”

1989 年苏联东欧剧变和中国政治风波之后，中国面对西方制裁的强大压力，邓小平提出了中国处理对外关系的一系列主张，其中之一就是“韬光养晦，有所作为”。这不是为了应对特定时期特定形势的权宜之计，而是一种具有战略性的思考。

20 世纪 80 年代末 90 年代初，东欧剧变、苏联解体，冷战以美国为首的西方的胜利而结束，国际上出现了美国“一超独大”的局面。美国和西方兴

① 《习近平谈治国理政》第 2 卷，外文出版社 2017 年版，第 27 页。

高采烈，大力向世界推销西方的价值观和发展道路，对于中国仍然坚持社会主义道路耿耿于怀，希望中国也步苏联东欧的后尘，成为“多米诺”骨牌中的下一张。中国1989年发生政治风波后，西方国家由美国带头对中国进行“制裁”，施加压力，实行露骨的霸权主义和强权政治，企图以压促变。

正如邓小平所说：“可能是一个冷战结束了，另外两个冷战又已经开始。一个是针对整个南方、第三世界的，另一个是针对社会主义的。西方国家正在打一场没有硝烟的第三次世界大战。”而此时，国际上一些舆论和一些第三世界国家出现一种由中国出面扛旗当头，带头与西方的霸权压力抗衡的观念。正是在这种背景下，邓小平提出了“韬光养晦、有所作为”的战略思想，包括：

一是处变不惊。对国际形势要冷静处理、稳住阵脚，沉着应对，坚信中国能顶住压力继续发展。二是不扛大旗不当头。对霸权主义和强权政治，要坚决抵制，对重大问题，要坚持原则立场，捍卫中国利益，但又坚持不说过头话，不做过头事。三是“韬光养晦”与“有所作为”相辅相成，不可割裂，不应对立。

这一战略思考的核心就是一个国家必须适当处理本国的力量和对外政策之间的关系，不要像超级大国那样对世界上所有的事情都要插手介入，而过分地消耗自己的力量，要兼顾国内和国际两个全局，把主要精力放在国内的建设和发展上。

——选自赵进军主编：《新中国外交60年》，北京大学出版社，2010年。

第三节　党员干部提高战略思维能力的基本要求

从中国共产党百年奋斗历程看，我们党是一个重视战略思维、善于且勇于运用战略思维的政党，是一个充满战略智慧的政党。持之以恒地坚持和运用战略思维是我们党不断从胜利走向胜利的重要法宝。进入新时代，习近平总书记将战略问题提升到党和国家根本性问题的高度，多次强调全党要提高战略思维能力，不断增强工作的原则性、系统性、预见性、创造性，“善于从战略上看问题、想问题”。新时代党员干部提高战略思维能力，要注重以下四个基本要求。

一、增强学习意识，涵养战略格局

提高战略思维能力，就必须提升战略格局。在现实工作中，很多人认为战略思维、战略眼光都是领导的事情，总揽全局是中央领导的责任，对地方、基层、部门或者对个人的工作没有必要性。这种想法是片面的。一方面，全局和局部的区别是相对的，每一个局部从一定意义上而言也可能是全局。另一方面，从所在的局部角度，也必须了解大局，具有战略格局。如果没有大局意识，对中央的大政方针理解不透，那么地方、部门的局部工作也做不好。增强学习意识，涵养战略格局要求我们党员干部既要进行理论性学习，又要拓展知识性学习。

（一）进行理论性学习

党员干部要提高战略思维能力，涵养战略格局首先应当进行理论性学习。理论性学习要以马克思主义经典理论为基础，以马克思主义中国化时代化的理论成果为引领，努力把马克思主义作为自己的看家本领。这要求党员干部做到：

一是学习马克思主义经典理论。学习马克思主义基本理论是共产党人的必修课，党员干部要原原本本学习和研读马克思主义经典著作。马克思主义的立场观点和方法，揭示了人类社会、人类思维发展的客观规律，阐明了现象与本质、普遍与特殊、局部与整体等辩证关系，是我们在面对复杂环境、风险挑战、战略机遇时作出科学分析和准确判断的重要理论武器。高度重视和加强马克思主义理论学习，自觉运用马克思主义的立场观点和方法，善于辩证思考问题，准确把握事物规律，才能透过纷繁复杂的表象把握工作重点，才能不断增强工作的主动性、前瞻性和创新性，做到既全局谋划又统筹兼顾，既立足当前又放眼长远。

二是学习马克思主义中国化时代化的理论成果。毛泽东思想、中国特色社会主义理论体系，特别是习近平新时代中国特色社会主义思想，是我们党百年来运用战略思维在指导实践过程中形成的一系列重大理论成果，为我们提高战略思维能力提供了丰富的理论借鉴。毛泽东以其战略家的思维解决了中国革命和社会问题，《中国社会各阶级分析》《星星之火，可以燎原》《中国革命战争的战略问题》《抗日游击战争的战略问题》《论持久战》《战争和战略问题》《论十大关系》等光辉著作都是我们丰富的战略思维精神源泉。邓小平也以其卓越的战略思维对社会主义建设和改革中的重大关系问题做出了全面、系统、深刻的分析和判断。老一辈革命家和领导人的战略思维理论和历史经验值得我们反复学习。习近平新时代中国特色社会主义思想，是党的十八大以来运用战略思维对关系新时代党和国家事业发展的一系列重大理论和实践问题的战略思考和科学判断，提出了一系列治国理政新理念新思想新战略，实现了马克思主义中国化时代化新的飞跃。深入学习贯彻习近平总书记的系列讲话精神，也是各级党员干部提高战略思维能力的强大思想武器。

（二）拓展知识性学习

提高战略思维能力，涵养战略格局，要有丰富的知识积累，有广博的知识结构和开阔的思维视野。掌握的知识越丰富，思维的空间也就越广阔。战略学家约翰·科林斯曾经说过，如果说在某个领域通才比专才更为可取，那么这个领域就是战略。因此，党员干部应当做到：

一是加强专业知识学习、全面优化知识结构。当今世界，知识更新节奏加快，科学技术加速迭代，人类已经进入互联互通的时代，新产业、新技术、新业态、新模式层出不穷，如果不强化学习意识，学识浅薄、孤陋寡闻，将很难跟上时代发展的步伐，甚至会迅速被不断变化的时代淘汰。广大党员干部日常工作中需要处理很多繁杂的任务，会遇到面对很多领域的科学文化知识的状况。这就要求党员干部既要努力掌握深厚的专业知识功底，深耕工作中的专业领域，同时也要拓展更多的知识领域，如政治、经济、科技、法律等方面的现代科学文化知识，形成相对比较完整的知识储备和优化的知识结构，使我们从根本上避免本领恐慌。

二是拓展文史知识、充分借鉴中华优秀传统文化。中华优秀传统文化中的战略思维博大精深，我国古代“运筹帷幄”“不谋全局者不足以谋一域，不谋万世者不足以谋一时”“小不忍则乱大谋”等都是典型的战略思维，是古人留下的珍贵的战略思维宝藏。比如，《孙子兵法》作为古人展现战争谋略的经典之作，其“知胜”“全胜”“速胜”“称胜”思想体现出的卓越战略智慧，为我们今天研究应对各种危机提供了重要战略思维方法。《礼记·中庸》提出的“凡事预则立，不预则废”，表达了做事要着眼长远、把握大势，强调完善的战略谋划对于国家发展的重要意义。中华优秀传统文化中的战略思维丰富而深刻，新时代党员干部要“以学益智、以学修身”，认真学习好好借鉴，不断涵养战略格局。

二、明确战略目标，做好战略筹划

提高战略思维能力，要求必须能够优先确定战略目标。优先确定战略目标意味着对事物发展有一个科学合理的战略预期，进而合理地做好战略筹划。如果在现实工作中战略目标不明确，过于拘泥于一个个细节，就会陷入具体事务中不能自拔，甚至产生错觉，以为自己忙忙碌碌进行了大量工作，实际上并没有真正解决问题。只有基于科学、合理、可行的战略目标，才能对这一战略目标做出具体的战略筹划。正是制定了切实可行的战略筹划，宏伟战略目标才分解下去，有重点有针对性地得以顺利实现。明确战略目标，合理做好战略筹划要求我们党员干部做到：

（一）坚持顶层规划与大胆实践辩证统一

战略思维因其具有前瞻性、全局性、系统性的特征，是一种高层次的思维活动，必然要求党员干部既具备远见卓识的顶层规划能力，也具备将战略筹划大胆运用于实践的智慧和勇气。

一是党员干部必须具备较强的洞察力和预见力，顺应时代潮流，加强战略研判，明确战略目标，制定战略安排，做好系统性、整体性、协同性的顶层规划。顶层规划一直是中国共产党领导国家建设和社会发展的一大政治优势。从1956年中国社会主义制度刚确立开始时对我国社会主义建设的战略规划，直到2020年我国全面建成小康社会的战略目标如期实现，党的十九大报告将战略目标提升为“社会主义现代化强国”，党的二十大再次明确了“全面建成社会主义现代化强国”的总的战略安排。中国共产党立足于每一个新的历史方位，都会顺应时代发展的客观要求，优先调整制定新的国家发展战略目标，进行顶层规划。

二是战略布局的推进往往会遇到新的未知领域，这还需要党员干部具备“摸着石头过河”的智慧和勇气，大胆探索，大胆实践，勇于突破，勇于开拓，同时更强调“摸规律”，将感性层次的“经验”深化为理性层面的“规律”。比如在推进全面深化改革中，习近平总书记强调要坚持“摸着石头过河”和“顶层设计”辩证统一的方法论。全面深化改革改什么、不改什么，要从我国经济社会发展的实际出发进行顶层规划，但是在推进的过程中对不那么有把握的举措还要先行试点、投石问路。把顶层规划与大胆实践辩证统一起来，是我们提升战略思维能力的一个重要方面。

（二）坚持“全局—长远—根本”的辩证统一

一般来说，事物的发展变化，都是在时空之中的过程，因此，我们运用战略思维进行筹划时，必然要对其在时间、空间维度中的变化及其本质问题进行战略研判和优化管理。保证战略目标既要满足现实需要，又要满足未来需要，既管全局管根本，又不能过高过虚。

一是党员干部要搞清楚弄明白战略思维中关于“全局—长远—根本”的具体指征。“全局”指的就是战略思维对空间的统摄，要求把局部放在全局中去考虑，不能只见树木、不见森林；“长远”指的是战略思维在时间维度上的要求，从长期大势认识当前形势，把问题放在历史、现实与未来的长周期分析，在时间的长河中把握发展机遇，不能一叶障目、不见泰山；“根本”指的是战略思维对事物本质层面的把握，要求把具体问题与根本问题结合起来通盘考虑，不能头痛医头、脚痛医脚。

二是党员干部在进行明确战略目标，进行战略筹划时必须要坚持“全局—长远—根本”的辩证统一。当前形式主义、官僚主义一定程度上还是顽症，一些领导干部只讲局部利益搞“上有政策、下有对策”，只顾眼前利益搞“形象工程”“政绩工程”，以及文山会海、做表面文章等，重要原因就是缺乏战略思维能力。提高战略思维能力，就必须能够统筹处理好全局与局部、长远与眼前、根本与具体的关系问题，以小见大、以近见远、见微知著，从一定的高度和深度做好战略筹划。

（三）坚持统筹兼顾与轻重缓急辩证统一

明确战略目标，做好战略筹划，要求我们党员干部既要坚持统筹兼顾，做到全面把握，又要注意轻重缓急，做到重点把握。

一是党员干部要坚持统筹兼顾，这是做好战略筹划和布局的重要方法。统筹兼顾的前提是统筹全局，要求我们能够把握大局、把握长远、把握根本。我们党的领导人经常以弹钢琴来比喻统筹兼顾的方法。习近平总书记在接受俄罗斯电视台专访时也曾经比喻说，在中国当领导人，必须统筹兼顾、综合平衡，突出重点、带动全局，有的时候要抓大放小、以大兼小，有的时候又要以小见大、小中见大，形象地说，就是要十个指头弹钢琴。

二是党员干部在统筹兼顾的同时也要注重轻重缓急，在整体战略筹划时做到重点把握。党员干部面对复杂形势和繁重任务，要对各种矛盾做到心中有数，同时又要优先解决主要矛盾和矛盾的主要方面，以此带动其他矛盾的解决。习近平总书记曾经强调，因为我们的目标任务有近期的，有中期的，也有长期的，所以我们在战略筹划上就要分清楚轻重缓急，有计划、有秩序地加以实现。

三、树牢理想信念，保持战略定力

提高战略思维能力，必须树立坚定的理想信念，保持足够的战略定力。战略定力就是战略思维的稳定性、原则性，在大局问题、原则问题上，党员干部要有一种“咬定青山不放松，任尔东西南北风”的坚定和清醒。但是目前理想信念不坚定、战略定力缺乏的现象在部分党员干部中依旧存在，在宏观层面上表现为对党和国家正在做的事业没有信心、犹豫不决、摇摆不定，在微观层面上表现为轻言善变、朝令夕改。理想信念不坚定，战略定力缺乏，战略思维就失去了灵魂。那么，树牢理想信念，保持战略定力要求我们党员干部做到：

（一）保持坚定的政治定力

对于党员干部来说，战略定力首先来自坚定的政治定力。政治定力是战略定力的基础，保持坚定的政治定力就是要保持坚定的政治自信、政治立场、政治方向和原则，同时也是对共产党人基本的政治要求和纪律。[①] 政治定力坚定了，在面对各种困惑时，就能时刻保持头脑清醒、判断准确，在遇到各种诱惑时，就能做到意志坚定、坚决抵御。保持坚定的政治定力要做到：

一是坚持中国共产党的领导。中国共产党领导是中国特色社会主义最本质的特征，是中国特色社会主义制度的最大优势。作为党员干部，要把对党绝对忠诚作为第一品质、第一要求。习近平总书记曾经强调："如果没有对党忠诚作为政治上的'定海神针'，就很可能在各种考验面前败下阵来。"党员干部必须牢固树立政治意识、大局意识、核心意识和看齐意识，增强政治敏锐性和政治鉴别力，坚决反对一切削弱、歪曲、否定党的领导的言行，做到明辨方向不迷失；必须坚定不移听党话、跟党走，维护党的团结统一，维护党中央权威，坚决服从党和国家工作大局，在思想上行动上始终与党中央保持高度一致；必须坚决维护和执行党的路线、方针、政策，巩固党的执政地位不动摇。

二是坚持和发展中国特色社会主义道路方向不变。习近平总书记指出："方向决定前途，道路决定命运。我们要把命运掌握在自己手中，就要有志不改、道不变的坚定。"[②] 我们走什么样的道路，只能由我们自己来寻找和决定，走适合本国实际发展的道路。增强政治定力，关键要提高政治鉴别力。党员干部要勇挑重担、敢于担当，要在大是大非面前明辨是非，在大风大浪面前立场坚定、态度鲜明，敢于亮剑、挺身而出，坚决批判、抵制各种错误思想和荒谬言论；党员干部在面对各种敌对势力对中国特色社会主义道路的攻击和挑衅时，要增强主动性、掌握主动性，引导和帮助人民群众划清是非界限、澄清模糊认识，做到"千磨万击还坚韧，任尔东西南北风"，要在道路方向问题上保持中国特色社会主义道路这个根本方向坚定不移，不动摇、不摇摆。

---

① 参见胡卫：《领导干部战略思维能力提升八讲》，中共中央党校出版社 2022 年版，第 124 页。

② 习近平：《在庆祝改革开放 40 周年大会上的讲话》，人民出版社 2018 年版，第 27 页。

（二）塑造正确的价值取向

战略定力受到价值取向的制约，守好战略定力就要选择正确的价值取向。选择正确的价值取向体现在党员干部的实际工作中，就是要牢固树立正确的权力观、政绩观、事业观，不慕虚荣，不务虚功，不图虚名。这要求党员干部做到：

一是树立正确的权力观，这是保持战略定力的根本。权力是党员干部在履行职责时被赋予的一种影响力、控制力和支配力。“中华人民共和国的一切权力属于人民。”保持战略定力，需要党员干部有敬畏之心慎重对待人民赋予自己手中的权力。然而在现实中，有的党员干部把权力作为“私有财产”，以权谋私、恃权放旷。树立正确的权力观，党员干部就要牢记“权为民所赋、权为民所用”。各级党员干部手中掌握着一定的权力，权力是为党的事业和人民所用，还是为个人和小团体所用，就决定了一切实际工作的思维、思路、目标、措施和担当。习近平总书记反复强调，各级党员干部对待权力一定要如履薄冰、如临深渊，做到慎用权、善用权、用好权，既要管好自己，又要防止他人利用自己的权力和职务影响谋取非法利益。

二是树立正确的政绩观，这是保持战略定力的前提。真正的政绩要经得起人民、实践、历史的检验。一些党员干部在实际工作中仍然存在着政绩观的偏差，甚至严重偏离的现象，表现为只顾眼前，忽视长远实效；只为私欲，忽视人民事业；只搞表面，忽视根本利益。树立正确的政绩观，党员干部就要牢记“政绩为谁而树，树什么样的政绩”，想问题、办事情、做决策，都应从全局、从长远、从人民的根本利益出发，求真务实、真抓实干。习近平总书记曾经强调，一张好的蓝图，只要是科学的、切合实际的、符合人民愿望的，就要一茬一茬接着干，干出来的都是实绩，广大干部群众都会看在眼里、记在心里。党员干部要有“功成不必在我”的思想境界，真正做到对历史和人民负责。

三是树立正确的事业观，这是保持战略定力的关键。事业观主要是关于事业方向和事业道路的看法。中国共产党人的事业观，就是为人民利益不懈奋斗，为中国特色社会主义事业不懈奋斗。当前，中国共产党人最重要的事业就是集中力量干好改革开放和社会主义现代化事业，在中国特色社会主义道路上实现中华民族伟大复兴的中国梦。因此，在现阶段每个党员干部不论在何种岗位从事何种工作，都是为坚持和发展中国特色社会主义干事创业，每个共产党员的追求和价值都应当体现在为党和人民事业奋斗之中。为了干成事业，党员干部要夙兴夜寐地真干、实干、苦干、巧干。

四、统筹战略全局，确保战略实施

战略实施是战略思维能力的一个重要维度。习近平总书记曾经在《之江新语》中强调："正确的战略需要正确的战术来落实和执行，落实才能出成绩，执行才能见成效。"① 考察评价一个党员干部，不仅要看他说了什么，更要看他做了什么，不仅要看他的战略谋划，更要看他的战略实施。战略实施不到位，再宏伟的战略目标、再科学的战略谋划都是"镜中花、水中月"。要把第二个百年奋斗目标变为现实，就必须有抓铁有痕的战略实施能力，需要每一位党员干部付出艰苦努力，一步一个脚印地朝着梦想奋进。统筹战略全局，确保战略实施要求我们党员干部做到：

（一）坚持善作善成，发扬"钉钉子"精神

"一分部署、九分落实。"战略实施说到底就是抓落实，就是落实到实践中去，落实到基层中去，落实到群众中去，以确保党和国家确定的目标任务顺利实现。这既是我们党执政能力的重要展现，也是对广大党员干部工作能力的重要检验。因此，党员干部应做到：

一是善作善成，处理好部署与落实的关系。战略谋划与战略实施之间的辩证关系是马克思主义认识论和实践论反映。从战略谋划到战略实施，再根据实施情况调整部署，再进行战略实施，形成一个完整的良性循环。习近平总书记曾经指出，抓好任何一项工作都要处理好部署与落实的关系，"善作者还需善成，善始者还要善终，千万不要有作无成，有始无终。无论是贯彻上级的决策，还是抓好本级的部署，都要做到既抓部署又抓落实，在部署中出

① 习近平：《之江新语》，浙江人民出版社 2007 年版，第 88 页。

实招，在落实中求实效”。

二是发扬“钉钉子”精神，处理好坚持与深化的关系。抓落实、抓战略实施必须要抓到点上，以点带面；要一抓到底，常抓不懈；要结合实际，因地制宜。习近平总书记将抓落实形象地比喻为“钉钉子”，发扬“钉钉子”精神就要狠抓落实，有“咬定青山不放松”的韧劲，要善于抓住事物的主要矛盾，把握关键重点，分清轻重缓急，善于统筹协调，集中力量抓关键、攻难点，以重点突破带动全局发展。“钉钉子”还要有恒心，坚持一张蓝图绘到底、一任接着一任干，真正做到对历史和人民负责。

三是发扬“我将无我，不负人民”的精神，坚持人民的主体地位。确保战略实施必须坚持尊重事物发展规律与坚持人民主体地位相统一。在任何情况下，广大党员干部都要把人民放在心中最高位置，牢记“江山就是人民，人民就是江山”。“我们要实现好、维护好、发展好最广大人民根本利益，紧紧抓住人民最关心最直接最现实的利益问题。”[①] 战略实施离不开人民，“没有人民我们将一事无成”。因此，战略实施必须要尊重人民群众的首创精神，最大限度地激发人民群众的创造热情，自觉向人民群众学习请教，确保党建设社会主义现代化的战略实施，依靠人民创造新的历史伟业。

（二）做到以身作则、率先垂范

中国共产党作为长期执政的党，党的先进性必然要通过各级党员干部的率先垂范体现，才能为广大群众形成示范，从而带动广大干部群众干事创业。但凡有所作为的党员干部，无一不把率先垂范作为自己事业的准则，率先垂范体现的是一种态度，展现的是一种作风，凝聚的是一种力量。那么，在保证战略实施、抓落实的过程中，对党员干部的要求有：

一是“打铁必须自身硬”。古人云：“其身正，不令而行；其身不正，虽令不从。”党员干部作为党的事业发展的中坚力量，在社会主义现代化建设战略实施中必须要以身作则，修身律己，最根本的是要把自己的事情做好，要

① 习近平：《高举中国特色社会主义伟大旗帜 为全面建设社会主义现代化国家而团结奋斗——在中国共产党第二十次全国代表大会上的报告》，人民出版社 2022 年版，第 47 页。

有“打铁必须自身硬”的责任担当。一项工作的战略实施，必然是层层落实，从各级党员干部自身出发去落实，从而影响和带动广大群众，起到良好的示范作用，才能形成更加强有力的战略实施。因此，党员干部要力戒形式主义、官僚主义，锻造过硬的本领，发挥党员干部先锋作用。首先思想要硬，树立正确的世界观、人生观、价值观，明确意识到自己的职责所在，摸准自己和群众的关系，全心全意为人民服务；其次能力要硬，增强开拓进取、锐意创新的能力，提高与时俱进、掌控全局的能力；再次作风要硬，思想作风要实事求是，工作作风要高效务实，生活作风要健康向上。

二是抓好“关键少数”。战略实施要靠党员干部这个“关键少数”来落实，党员干部在战略实施中起关键作用。习近平总书记多次强调，抓住党员干部这个“关键少数”，就等于抓住了“牛鼻子”，抓住了问题的关键，各项工作要抓出成效，就必须抓住党员干部这个“关键少数”。战略思维不仅是一种能力，更是一种责任。在社会主义现代化建设过程中，有许许多多的问题需要进行战略实施。因此，党员干部这个“关键少数”作为战略实施的关键主体首先必须充分发挥主观能动性，完成党和国家建设发展的各项具体任务，组织实施各项政策落地生根；党员干部这个“关键少数”作为战略实施的关键主体还要充分发挥监督作用，如果离开党员干部这个“关键少数”的有效监督，一些艰难任务就会面临实施不力、改革不到位，甚至出现落空的风险；党员干部这个“关键少数”作为战略实施的关键主体更要发挥模范带头作用，由于身份的特殊性，广大人民群众的目光容易聚焦于党员干部这个“关键少数”，党员干部在战略实施过程中要起到表率引领的作用。

【延伸阅读】

习近平在浙江工作期间对战略思维方法的探索与实践

在浙江工作期间，习近平同志不仅就战略思维作过深入思考并发表过许多重要论述，而且善于运用战略思维方法解决事关发展的全局性、战略性和长远性问题。早在2003年，习近平同志就强调，“各级党政‘一把手’要站在战略的高度，善于从政治上认识和判断形势，观察和处理问题，善于透过纷繁复杂的表面现象，把握事物的本质和发展的内在规律。要努力增强总揽全局的能力”。习近平同志坚持用战略思维方法观察时代大势、洞悉当代中国、谋划浙江发展，推动形成了以“八八战略”为总抓手，包括统筹城乡一体化、平安浙江、法治浙江、文化大省、人才强省、教育强省、科技强省、卫生强省、体育强省等系列战略举措在内的省域发展战略体系，为推进省域治理体系和治理能力现代化提供了重要遵循、注入了强大动力。

把握战略趋势、抢抓战略机遇

2005年2月，在部署浙江省“十一五”规划建议起草工作时，习近平同志明确要求：“研究把握当前经济全球化进程、科技进步的趋势、国内外市场环境变化和经济周期波动的基本脉络，把握国内消费结构和产业结构升级、工业化和城市化进程加快所引起的经济社会关系的变化，以及这种演变趋势对中长期发展的影响，把握我省在全国发展的区位特别是在长三角中的方位，充分考虑区域之间、省市之间的互动关系，清晰地勾勒出未来5—15年我省发展的趋势和背景。”

2005年4月，习近平同志进一步提出，为适应经济全球化趋势，必须进一步树立全球战略意识，把增强国际竞争力作为一个重大的战略取向，坚定不移地扩大对内对外开放，为推进发展创造更大的空间。

明确战略定位、笃定战略方向

习近平同志准确分析了浙江改革发展稳定中出现的新趋势、新特点，把握了浙江所处的全面建设小康社会攻坚阶段的双重特征，在此基础上研究明确了发展战略方向。2005年5月，习近平同志提出，制定好经济社会发展中长期规划，要准确把握未来发展的大趋势和阶段特征。

“十一五”期间，根据浙江经济社会发展阶段的双重特征，习近平同志强调，要“在贯彻宏观调控政策中把握经济发展全局”。他要求各地、各部门正确处理发挥市场机制作用与加强宏观调控的关系，确保经济平稳较快发展；以主动的姿态推进经济结构调整和增长方式转变，实现从粗放型、外延式的发展模式向集约型、内涵式发展模式的转变；在更深的层次上推进改革和开放。

发挥战略优势、筹谋战略部署

21 世纪初，浙江在发展过程中遇到了多重考验，如何充分发挥优势、补齐短板，作出最符合浙江实际的战略抉择，成为浙江发展的一项重大课题。2003 年 7 月，习近平同志在省委十一届四次全会上作出“八八战略”的重大部署，全面系统地总结概括了浙江发展的八个优势，提出了浙江面向未来发展的八项举措，成为引领浙江发展的总纲领、推进浙江各项工作的总方略。

“八八战略”是立足浙江改革发展形成的基础、立足发挥优势和发掘潜在优势而作出的重大战略决策。习近平同志明确强调：“面对日趋激烈的国际竞争和前进中的艰难险阻，我们必须具有战略思维和世界眼光，跳出浙江看浙江，进一步认识和把握自身的优势，强化现有优势，发掘潜在优势，努力把原有的劣势转化为新的优势。”

凸显战略重点、推进战略实施

在浙江工作期间，习近平同志在整体把握浙江发展方向的基础上，进一步明确浙江改革发展的战略重点。在他的提议下，浙江省委将未来 5—15 年发展趋势判断、转变经济增长方式、城乡协调和区域协调、构建和谐社会等重大问题列入关于制定“十一五”规划的建议中，并作出了一系列重大决策部署。

在经济发展上，习近平同志创造性地提出的“腾笼换鸟、凤凰涅槃”重要理念；在文化建设上，作出了加快建设文化大省的决策部署，概括提炼了“红船精神、浙江精神”，提出推进文化改革发展的一系列新观点、新论断；在生态文明建设上，提出了“绿水青山就是金山银山”重要理念；在促进社会和谐稳定上，全面部署“平安浙江”建设战略等。

——选自浙江日报：《习近平科学的思维方法在浙江的探索与实践 · 战略思维》，2021 年 3 月 22 日。

第二课

提高历史思维能力 鉴往知来砺行致远

经典语录

初心易得，始终难守。以史为鉴，可以知兴替。我们要用历史映照现实、远观未来，从中国共产党的百年奋斗中看清楚过去我们为什么能够成功、弄明白未来我们怎样才能继续成功，从而在新的征程上更加坚定、更加自觉地牢记初心使命、开创美好未来。

——2021 年 7 月 1 日，习近平总书记在庆祝中国共产党成立 100 周年大会上的讲话

“欲知大道，必先为史”。何为“史”？“历史是一个民族、一个国家形成、发展及其盛衰兴亡的真实记录，是前人的‘百科全书’，即前人各种知识、经验和智慧的总汇。”何以“为史”？有些人惯常把“读史学史、悟史用史”挂在嘴上，口口声声要学习历史唯物主义，而在想问题、搞调研、作决策时，就历史谈历史、历史和现实割裂，对未来没有预判。为何会如此？原因还在于没有真正懂得历史唯物主义，只记住几个核心原理，思考时则根本不会用。历史唯物主义是马克思主义关于社会历史发展的观点学说，是科学世界观的重要组成部分，更是正确把握社会历史发展状况的认识论和方法论。学习了历史唯物主义并不意味着能够领悟其妙用，要谨防把唯物史观僵化为教条，真正领悟历史唯物主义的妙用，就要树立历史思维，锤炼历史思维能力。学习历史唯物主义，不是目的，目的应该是学习马克思发现唯物史观的哲学思维方式，自觉运用历史思维来分析现实问题，并在历史思维的运用中不断发展唯物史观。历史唯物主义是要学的，历史思维是要不断锤炼的。

第一节　深刻领会历史思维的科学内涵与重大意义

历史思维，就是过程性与逻辑性相统一，以分析历史事件、历史现象、历史人物之间的内在本质与联系，来把握事物发展的历史必然和历史合理性，贯通历史、现实与未来的总体视野和思维方式。历史事实自然是历史思维的第一对象，而从历史事实的存在而言，就连对中国哲学颇有微词的黑格尔都在《历史哲学》中称赞“中国‘历史作家’的层出不穷、继续不断，实在是任何民族所比不了的”，确也如此，古代史官制度及史官精神的背后蕴含着的是客观再现历史事实的简单历史思维。不止于此，历史思维的观念和方法随着探寻历史的发展而不断被建构起来，善于运用历史思维确也成为中国人思维的一个重要特征。深刻领会其科学内涵及其意义，是党员干部锤炼历史思维的题中应有之意。

一、历史思维的科学内涵

从其定义出发考察，历史思维内蕴思维主体自觉运用历史眼光来分析和解决问题的思维方式和能力，是其历史观的直接体现。

（一）历史思维是历史观的直接体现

朱熹的《中庸注》中提及："君子之心，常存敬畏"，中国传统文化历来重视敬畏心，尤其"敬畏自然、敬畏祖宗"一直有着广泛的群众基础和历史积淀，并由此衍生出了畏天地、畏祖宗、畏历史、畏传统的意识。诚如西方文化认为"敬畏上帝是智慧的开端"，敬畏历史是使人明智的开端，为什么呢？哲学家黑格尔所言"我们之所以是我们，乃是由于我们有历史"，他引用赫尔德的观点：历史像一条神圣的链子，把前代的创获给我们保存下来并传承给我们，以至于"我们在现世界所具有的自觉的理性"，本质上是来源于历史的"遗产"，而不是断层式的突发奇想。人就是其历史和文化的产物，历史和文化使我们安身立命，"历史是一个民族安身立命的基础"。人之为人在于心，敬畏历史和传统的心理就是历史思维生成的精神成因。再者，基于畏天地、畏祖宗、畏历史、畏传统的意识而形成的宗法制度，不仅维持了历史过程的秩序，而且不断强化人民敬畏历史和传统的意识，进而影响人们的价值选择和思维方式，"历史思维"便得以生成。

（二）历史思维是一种历史认识能力

随着生产力水平的不断提升，人的实践活动及其领域得以不断扩展，直接促成自我意识的不断提升和对主观能动性的开发，对自然对历史，不再停留于盲目崇拜和信仰阶段，人们开始反思自照，总结历史经验和教训，通过历史比较、历史分析、历史假设、历史预测等方法深化对自然和社会运行规律的把握，进一步强化了敬畏历史和传统的意识，为历史思维的发展提供动力。从历史中汲取经验和智慧，首先，表现为人的历史感觉醒，开始思考人与历史，或将历史当故事、当"鸡汤"，或从历史中找论据，突出的是人的主观能动性发挥。其次，蕴含对自然、神学等唯心史观的怀疑与否定，坚持唯物史观，正视人的作用。正如《孙子兵法·用间篇》中所言："不可取于鬼神，不可象于事，不可验于度，必取于人，知敌之情者。”不管是自然还是社会历史都有规律在发挥作用，规律不可违，但是规律可以从历史中发现并为人所用。最后，致力于创造新的历史。黑格尔所言“历史往往重复两次，第一次是喜剧，第二次是悲剧”，试图简单重复历史就是历史的“悲剧”。马克思所言“向一个历史时代的告别总要出现两次：第一次是悲剧，第二次是喜剧”，“悲剧”悲在历史规律不以人的意志为转移，“喜剧”喜在把历史当成最好的老师，向历史学习，发挥人的主观能动性把握历史发展规律，以历史担当和历史主动创造新的历史，这才是彻底的历史思维。

（三）历史思维是一种科学思维方式

历史思维说到底就是一种思维方式，而思维方式就是思考问题的根本方法，思维方式的实现是一个复杂过程，侧重于纵向思考的历史思维有其特定的思维过程：第一步，占有事实。“史料不具或不确，则无复史可言”，对历史进行客观全面的考察和整理，去伪存真，实事求是地反映和再现历史，这是历史思维的前提。第二步，历史解释和理解。“从历史中来回到历史中去”，这是历史思维的必然要求。历史事件不会凭空产生，把历史事件放在普遍联系中，综合事件背后的客观条件、主观因素和主客观互动情况，在因果链条的框架中解释历史事件，探寻其来龙去脉、前因后果，以此达到对历史现象和过程的认识，汲取历史经验和教训，同时寻求系列历史事件之间的关联性，由此形成对未来的预判。第三步，揭示内在的逻辑和规律。这是进行历史思维活动的关键环节，“历史不是简单的重复，但却有惊人的相似”，解释和理解历史个别现象和事件不是历史思维的终点，从个别到一般，探寻其合理性和必然性，揭示内在的历史逻辑和历史规律，以史为鉴实现质的“飞跃”。第四步，洞察历史趋势。这是历史思维活动的行动指向，“极为相似的事情，但在不同的历史环境中出现就引起了完全不同的结果”，不同于唯心主义的“决定论”“宿命论”，历史思维的“妙”就在于从一般到个别，运用历史规律指导当下实践，把握发展趋势，发挥历史主动性，顺应历史潮流，实现过去、现在和未来的总体把握。

二、坚持历史思维的重大意义

习近平总书记曾引用俄罗斯文学巨匠车尔尼雪夫斯基关于“历史的道路不是涅瓦大街上的人行道，它完全是在田野中前进的，有时穿过尘埃……有时行经丛林”的名言金句，以路喻史，意味深长，只有坚持历史思维，方能知史明智、行以致远。

（一）坚持历史思维是建构科学思维体系的逻辑使然

不同于其他思维方式，注重过程性的历史思维，思考问题兼具共时态（当时的人对发生在现实中的事件的看法）、历时态（不包括现代人的后来人对历史问题的评价）和即时态（现代人对历史的看法），通过共时态探寻历史动因、通过历时态分析价值评判标准、通过即时态实现反思与超越，三时态考察的历史思维帮助我们培养大历史观，并从变化着的世界中审视思维的能动作用，促进多重思维要素和方法的形成，它在科学思维方式体系中是“根基性”的存在，“历史从哪里开始，思想进程也应当从哪里开始”[①]。具体说来：历史思维方式从历史的视野放眼现实的世界，力图不断超越，向未来无限敞开，必然能够为创新的过程提供经验支撑、创新源头和方向指引。目光“向前”、时间上讲求“大视野”、空间上讲求“大格局”、行动上讲求“大定力”的战略思维是建立在对历史的整体把握和深刻思考之上，需要目光“往后”的历史思维作支撑。发挥历史思维的反思性和批判性，能有效实现历史认识不断从表层走向深处，“唯一不变的就是变本身”，形成历史的辩证法。坚持合规律性与合目的性的逻辑相统一的历史思维能够为人类的认识和实践划定底线、红线。法的正义性只会在历史的进步性中得到实现，法治思维也只会在现代化的进程中不断发展。系统思维突出整体性、结构性、立体性、动态性等特性，同样离不开历史思维的提供镜鉴。

（二）坚持历史思维是涵养良好品质修养的内在要求

习近平总书记十分重视干部的思维建设，系统完整地阐述领导干部思维

① 《马克思恩格斯全集》（第13卷），人民出版社，1962年，第532页。

建设的观点，2019 年 1 月，在省部级主要领导干部“坚持底线思维着力防范化解重大风险”专题研讨班上，将历史思维能力列为领导干部应着力提升的重要思维能力之一，高度重视干部对历史的学习与借鉴。历史思维，不仅仅是科学的思维方式，还有助于新时代党员干部涵养良好的品质修养。历史思维为党员干部增强“政治定力”提供理论保障。政治能力是党员干部的第一位能力，而“政治定力”是政治能力的重要方面。何以提升新时代党员干部的政治定力？“多读一点历史”。历史思维为党员干部增强“历史自信”提供丰厚滋养。坚定的历史自信是开拓奋进的强大精神力量，坚定的历史自信来源于对发展脉络的把握、来源于对“三大规律”的深刻把握，而发展脉络和规律的把握离不开高站位、宽视野、长时段的大历史观。历史思维为党员干部发挥“历史主动”提供方法支撑。坚持唯物史观、正确党史观，从百年党史中汲取其政治领导、思想引领、群众组织、社会号召等方面的经验和智慧，胸怀两个大局、站稳人民的立场、顺应历史发展潮流。

（三）坚持历史思维是夯实执政根基的现实要求

奋进新征程，“世界之变、时代之变、历史之变”加速演进，我国发展面临战略机遇、战略环境、战略阶段等诸多的“新”。面对“变”和“新”，如何做到准确把握历史发展的主题主线、主流本质，这就使得比以往任何时候都更加需要“知大势”的历史思维能力，以深远而厚重的历史眼光突破一人之得、一时之荣的思维局限，对历史的深入思考中着眼当下，解决现实问题、把握前进方向，涵养“功成不必在我，但功成必定有我”的胸怀境界。当下，历史虚无主义思潮新动向不断，以“学术研究”“影视创作”“还原历史”等旗号，不断引导大众以“想象化”的方式消费历史、以“鸡汤化”的名义轻薄历史、以“主观化”态度曲解历史、以“虚无化”手法建构历史、以“庸俗化”的姿态抹黑历史、以“娱乐化”的言行调侃历史。① 凡此种种，本质上就是主观臆造、颠倒是非、消解丑化、拼凑嫁接地认知历史，以造成人们的思想混乱，试图消解主流意识形态，危害性、欺骗性和迷惑性极强，不仅侵

---

① 人民观点:《“用史实发言”才能坚守记忆——我们需要什么样的历史观》，人民网，2015 年 08 月 07 日。

蚀正确历史观，还给党员干部的政治意识带来严重侵袭，动摇党员干部的政治信念、判断、政治信念。正如习近平总书记所强调的“我之所以强调这个问题，是因为这个重大政治问题处理不好，就会产生严重政治后果”。这个严重的政治后果就是从历史依据上抽掉中国共产党执政的历史必然性，从根本上否定共产党领导的合理性、正义性。所以，党员干部必须要坚持历史思维，这是应运时代呼唤之必需、解决实际问题之需、回应干部自身建设之必需。

【延伸阅读】

在齐太史简

大史书曰：“‘崔杼弑其君。’崔子杀之。其弟嗣书而死者二人。其弟又书，乃舍之。南史氏闻大史尽死，执简以往。闻既书矣，乃还。”

古文翻译过来，说的是这样的一个故事：春秋时期，齐国大夫崔杼杀死了当时的君主齐庄公，史官太史伯如实记录：“崔杼弑其君”，但是，崔杼不愿落一个弑君的名头被后世指责，便要求史观将齐庄公的死因改写为病故，而坚持如实记录历史留给后人真相这一原则的太史伯拒绝了崔杼，崔杼便杀了他。接着，太史伯的弟弟太史仲、太史叔先后承担起了史官的职责，崔杼以同样的方法逼迫他们写齐庄公是病死，太史仲和太史叔都认同兄长的看法，写下了“崔杼弑其君”。又都被崔杼杀死了。三位兄长倒下了，老四太史季毅然决然就职了。崔杼对太史季说“你的哥哥们都太糊涂了，明明是病死，非不照实写。你要识相，不能像你哥哥们一样，明白吗？”太史季说：“明白”，提笔写下了“崔杼弑其君”。崔杼终于意识到威逼史官是没用的，无可奈何只能放了太史季。获释的太史季回去路上看到一个抱着竹简奔来的人，询问得知其是南方来的史官，为的是支持太史兄弟四人而来，决意如果太史季也遭毒手便自己顶上，确认太史季安全了，这才返回。文天祥在《正气歌》里写“在齐太史简”来歌颂生忘死捍卫历史的史官精神。

——选自：《左传》，春秋·左丘明著，弘丰译著，中国文联出版社，2016年3月。

第二节　中国共产党运用历史思维的实践历程

“中国共产党人不是历史虚无主义者，也不是文化虚无主义者”，推进马克思主义基本原理与中国具体实际相结合、同中华优秀传统文化相结合”的百年历程，不仅实现了理论逻辑与现实需要相统一，而且彰显了深邃的历史关照。“两个相结合”的历史过程，就是中国共产党人继承前人、面向未来发展的过程，不仅继承了马克思列宁主义的历史“运思”的思维方法，更传承了中华优秀传统文化蕴含的丰富历史思维，形成了中国共产党人的历史思维，在实践中思考中国共产党“从哪里来”“现在在哪里”“要到哪里去”。纵览建党兴党、建国兴国的历史，历届中共领导人始终秉持一脉相承又与时俱进的历史观，始终把历史思维作为治国理政的重要手段，带领人民不断创造新的历史伟业。

一、十八大之前党运用历史思维的探索实践

诚如毛泽东同志所提出的“我是靠总结经验吃饭的”，邓小平同志强调的“要懂得些中国历史，这是中国发展的一个精神动力”，历史充满了智慧，给予后人以前进的力量，但是历史绝不会主动向后人展示其智慧和力量，要坚持和运用历史思维。

（一）新民主主义革命时期

在救亡图存的这一历史时期，中国共产党运用历史思维的典范当属总结旧式农民斗争史，创建农村革命根据地。大革命失败后，中国革命道路何去何从？以毛泽东同志为主要代表的中国共产党人从旧时农民战争史入手，分析其中的“流寇主义”思想，从其失败的教训中得到的启示就是“历史上黄巢、李闯式的流寇主义，已为今日的环境所不许可”。

干革命，离不开相对稳固的根据地提供各方面的保障。基于这种认识，中国共产党肃清革命队伍里的“流寇主义”思想，在农村开辟 19 个之多的敌后抗日根据地，积极发动群众开展游击战争，这些农村革命根据地在抗日战

争和解放战争时期都发挥了重要作用。也正因为这个实践，才找到“农村包围城市、武装夺取政权”的唯一正确道路，如果没有这条道路，也就没有之后的中国特色社会主义道路。此外，为了从思想上肃清“左”倾错误路线对革命事业的影响，在延安和各抗日根据地开展了轰轰烈烈的整风运动。1941年9—10月，中共中央召开政治局扩大会议，学习和研究党的历史，总结历史经验，分清是非，形成共识。1945年4月党的六届七中全会通过了《关于若干历史问题的决议》，对党内重大历史问题作出结论，开辟了统一思想认识以指导实践之先河。

（二）社会主义革命和建设时期

由于缺乏社会主义建设经验，1956年社会主义改造基本完成后，党带领人民尝试着学习“苏联模式”来进行社会主义建设。但是，一方面，苏共自身开始出现思想混乱问题，另一方面在“一五”计划期间，我国照抄照搬“苏联模式”的弊端开始显露，毛泽东同志逐渐意识到问题，在《论十大关系》中指出：“最近苏联方面暴露了他们在建设社会主义过程中的一些缺点和错误，他们走过的弯路，你还想走？过去我们就是鉴于他们的经验教训，少走了一些弯路，现在当然更要引以为戒。”“伟大的阶级，正如伟大的民族一样，无论从哪方面学习都不如从自己所犯错误的后果中学习来得快。”通过总结历史经验，我们党从“以苏为师”转向“以苏为鉴”，开启了中国式的社会主义建设道路的有益探索。

但是，这一历史时期，我们党也遭遇直接效仿“苏联模式”导致“坚持以阶级斗争为纲”的道路迷茫；有“把握社会主义现代化建设规律不准”带来的“赶超战略”。历史就是历史，绕不开，有成功的经验有失败的教训，也正是以毛泽东同志为主要代表的中国共产党人汲取历史经验教训，坚持独立自主，探索出了半殖民地半封建社会走向社会主义社会的发展之路，为现代化道路奠定了物质基础，后来的中国才能够探索形成中国特色社会主义道路，能够按照中国自己的节奏不断深化改革、扩大开放等。

（三）改革开放和社会主义现代化建设新时期

党的十一届三中全会以后，我们党开始全面拨乱反正，纠正“文化大革命”及以前的“左”倾错误的同时，党内和社会就如何正确认识和评价毛泽东的历史地位的问题上出现了两种错误思潮。如何解决这些重大问题？我们党从制定《关于若干历史问题的决议》(以下简称《决议》)的历史中汲取智慧，采取历史决议的方式，就建国以来若干重大问题作出正式的历史结论，以统一全党思想认识，团结一致向前看。《决议》的起草始末，以邓小平同志为主要代表的中国共产党人坚持正确的党史观，邓小平同志亲定《决议》起草的三条“总的原则”，坚决捍卫了毛泽东的历史地位和毛泽东思想的科学体系，同时总结了改革开放和社会主义现代化建设的十条新鲜经验；既对建国以来我国社会主义建设的深刻反思，也实现了对当时改革实践的理论升华，成功开创了中国特色社会主义道路，可谓是科学总结历史经验的典范之作，具有划时代的意义。

相继之，世纪之交，在“马克思主义终结了”“社会主义失败了”的妄议和“中国的红旗到底还能打多久”的困惑中，以江泽民同志为代表的中国共产党人把中国特色社会主义道路捍卫推进到21世纪。一个国家，总是在不断演进的历史过程中实现着自己的发展，以胡锦涛同志为代表的中国共产党人立足新世纪的新阶段，面对深刻变化了国际复杂形势，围绕国内社会转型期的各种矛盾问题，着眼实现党的三大历史任务，构建社会主义和谐社会，坚持和发展了中国特色社会主义道路。这一历史时期，中国道路上初步实现了从贫困到温饱、从温饱到基本小康的积极跨越。

二、进入新时代党运用历史思维的具体实践

“人们自己创造自己的历史，但是他们并不是随心所欲地创造，并不是在他们自己选定的条件下创造，而是在直接碰到的、既定的、从过去承继下来的条件下创造。”[①]党的十八大以来，以习近平同志为主要代表的中国共产党人自信自强、守正创新，坚持历史思维，统揽“四个伟大”，创造了新时代中国特色社会主义的伟大成就，中华民族伟大复兴已进入不可逆转的历史进程。

① 中共中央编译局.《马克思恩格斯选集(第1卷)》[M].北京：人民出版社，2012：669.

（一）用历史思维对待“历史的历史”

“如何看待历史的曲折与失误是一个人、一个政党、一个国家的智慧和境界的体现，是否能够以正确的态度对待自己曾经犯过的错误，是衡量一个马克思主义政党是否真正对人民群众负责的最重要最可靠的尺度。”何以体现这样的智慧、境界？

一是科学评价历史人物。党的十八大以来，习近平总书记先后出席了习仲勋、毛泽东、邓小平、陈云、胡耀邦、孙中山、周恩来、刘少奇等10余位革命领袖、党和国家领导人的诞辰纪念座谈会并发表重要讲话。这些座谈会的讲话精神都有一个共性：指引全党和全国人民运用历史唯物主义的立场、观点和方法，在认知历史中科学评价历史人物，有力回击了当前存在的对某些革命领袖的亵渎行为。

二是客观评价历史事件。前后两个30年在指导思想、发展模式等方面存在很大差异，评价也有很大的争议，面对改革开放前后两个30年相互否定的错误观点，习近平总书记将历史思维与辩证思维紧密结合，用两个“不能否定”进行了回答。诚然，否定任何一历史时期，都有可能陷入历史虚无主义的泥潭，走向“改旗易帜的邪路”“封闭僵化的老路”。

三是注重总结历史经验。“一百年来，中国共产党团结带领中国人民进行的一切奋斗、一切牺牲、一切创造，归结起来就是一个主题：实现中华民族伟大复兴。”三个“一切”深刻描绘中国共产党人代代接力、继往开来的历史场景，高度凝练了中国道路的历史过程性，集中表达了道路成功的历史必然性。中国道路的成功何如？党的“第三个历史决议”已然对其变革性实践、突破性进展和标志性成果作了系统的总结。

（二）用历史思维推动“活着的历史”

学习和了解历史，是为了“可以更加清晰地认识社会活动规律，牢固树立马克思主义的唯物史观”，进而把握历史规律性和正确方法论，以解决当代中国发展中的各种问题。

一是借鉴历史中治国理政。中华民族有着强烈高远的历史意识，给单纯时间维度的中国历史赋予了“究天人之际，通古今之变”的价值伦理和“鉴于往事，有资于治道”的政治伦理。还有中国共产党在百年实践中形成的经验教训和历史思维方式，都成为我们党治国理政的重要智慧来源。党中央吸取古代王朝兴替、苏联亡党亡国的历史教训和从严治党的历史经验，推进全面从严治党。“经过不懈努力，党找到了自我革命这一跳出治乱兴衰历史周期率的第二个答案。”①

二是推进中国道路的创新性飞跃。以习近平同志为核心的党中央站在中华文明 5000 年、世界社会主义 500 年和人类社会发展史的高度谋划中国特色社会主义伟大事业新格局，领导人民以与时俱进、时不我待的精神推进全面建成小康社会的历史性进程，开辟了中国道路新的历史方位，开启了现代化的新征程，用中国式的现代化之路历史性回应中国之问、世界之问、人民之问、时代之问，展现人类文明发展的新样态。

三是推动传统文化的创造性转化和创新性发展。习近平总书记注重从中国古代历史中汲取营养，将历史智慧运用于治理现代化的实践，将坚定文化自信纳入“四个自信”中，辩证揭示中华优秀传统文化与当代文化、与世界文化之间的关系，精辟阐述中华优秀传统文化对坚持和发展中国特色社会主义的基础、根基、血脉、源泉作用。不止于此，习近平总书记深入开展调查研究，足迹遍及众多历史文化遗产，积极推动中华文明的创新性转化创新性发展。

（三）用历史思维谋划“未来的历史”

习近平总书记不仅重视汲取历史经验和智慧，具有高度的历史意识和历史自觉，以坚定历史自信、增强历史主动，还善于运用大历史视野来观照未来以谱写新时代中国特色社会主义更加绚丽的华章。

一是擘画“中国梦”。2012 年，习近平总书记参观“复兴之路”大型主题展览时，有感于中华民族的过去、现在和未来，首次提出了有着深厚历史渊源和广泛现实基础的“中华民族伟大复兴的中国梦”，成为最具有时代气息主

① 习近平：《高举中国特色社会主义伟大旗帜，全面贯彻新时代中国特色社会主义思想，弘扬伟大建党精神，自信自强、守正创新，踔厉奋发、勇毅前行，为全面建设社会主义现代化国家、全面推进中华民族伟大复兴而团结奋斗——在中国共产党第二十次全国代表大会上的报告》，人民出版社（单行本），2022 年 10 月 16 日，第 14 页。

题和面向未来的最响亮宣言。回望来时路途，眺望前行征程，“实现中国梦是一场历史接力赛”。

二是构建“一带一路”。身处世界百年未有之大变局，看世界要端起历史规律的望远镜，“时与势在我们一边”。“面对经济全球化大势，像鸵鸟一样把头埋在沙里假装视而不见，或像堂吉诃德一样挥舞长矛加以抵制，都违背了历史规律。世界退不回彼此封闭孤立的状态，更不可能被人为割裂。”习近平总书记把握世界发展大势，提出共建“一带一路”倡议。

三是预见未来趋势。习近平总书记坚持历史思维的历史判断和价值判断辩证统一，“知向何处，不惑于方向；明所从来，不竭于动力”，“站在历史正确的一边，站在人类进步的一边”，胸怀天下、站稳人民的立场，宣告：“让和平的薪火代代相传，让发展的动力源源不断，让文明的光芒熠熠生辉，是各国人民的期待，也是我们这一代政治家应有的担当。中国方案是构建人类命运共同体，实现共赢共享。”

【延伸阅读】

制度成熟需要时间

一套制度的成熟，究竟是一蹴而就的突变结果，还是循序渐进的内生演化？当西方世界在“历史终结”的欢呼中向全世界推销其制度模式与价值观念时，他们恰恰忘了，他们的制度并非天然就是今天这样，而是曾经历过长达数十年甚至上百年的博弈、动荡与变革。

英国从1640年发生资产阶级革命，到1688年“光荣革命”才形成君主立宪制度，用了几十年的时间，而这套制度成熟起来时间就更长了。美国从1775年开始独立战争，各个州之间更像是松散的“邦联”，而不是具有内在凝聚力的“联邦”，直到1865年林肯政府赢得南北战争，用武力的方式捍卫了美国的统一，才为美国作为完整的政治实体打下基础。这前后，用了将近90年时间，新的体制才大体稳定下来。1789年法国大革命喊出了“自由、平等、博爱”的口号，但革命成功之后并未一步到位实现这些目标。在雅各宾专政时期，从1794年6月10日牧月法令通过到7月27日热月政变发生，短短

48天内，仅在巴黎一地，就处死了1376人。历史学家如此形容："血泊之中，群众的激情消逝了……革命吞噬了自己的孩子。"从1789年发生资产阶级革命到1870年第二帝国倒台、第三共和国成立，用了80多年时间。在1800—1949年期间，法国发生过8次革命，直到第二次世界大战之后才算真正稳定下来。法国制度稳定过程之长，正说明制度成熟需要时间。由此也就形成对中国未来的启示：中国制度体系的发展，也会像西方国家那样，需要一个渐进改革、渐趋成熟的过程。

——节选自：人民日报评论部：《制度成熟需要时间》《习近平讲故事 2017年6月，第157—159页。

第三节　党员干部提高历史思维能力的基本要求

2011年9月1日，时任中央党校校长的习近平同志在秋季学期开学典礼上强调："领导干部学习历史，要落实在提高历史文化素养上，落实在提高领导工作水平上。而具有历史文化素养，最重要的是要具有历史意识和文化自觉，即想问题、作决策要有历史眼光，能够从以往的历史中汲取经验和智慧，自觉按照历史规律和历史发展的辩证法办事。"这段重要论述，既阐明了"历史思维能力，就是知古鉴今，善于运用历史眼光认识发展规律、把握前进方向、指导现实工作的能力"。[①] 又说明了提升历史思维能力的基本要求。

一、提高历史素养，科学看待历史

"指导一个伟大的革命运动的政党，如果没有革命理论，没有历史知识，没有对于实际运动的深刻的了解，要取得胜利是不可能的。"学习历史、研究历史，是丰富知识结构、培养历史素养，提高历史思维能力的第一步。"有国

① 中共中央宣传部：《习近平新时代中国特色社会主义思想学习纲要》，学习出版社、人民出版社，2019，第245页。

者，不可以不知《春秋》”，同理，党员干部要具备丰富的历史知识，并遵循科学的原则和方法从历史中汲取营养，不断增强守初心、担使命的思想和行动自觉。

（一）认真学习历史

用党史教育党员干部，增强坚守初心使命的思想和行动自觉，通过中国历史来感染人、凝聚人，汇聚起推动发展的精神动力。

一是学习“四史”。党员干部培养历史素养，党史、新中国史、改革开放史、社会主义发展史是最好的教科书。“四史”之间有包含关系但又各有特点。百年党史蕴含着的不懈奋斗史、不怕牺牲史、理论探索史、为民造福史、自身建设史，深刻回答了中国共产党什么“能”的问题。新中国历史是中华民族崛起的历史，结合中华5000年的文明史和百年党史来学习。改革开放，从党史看是“我们党的一次伟大觉醒”，从新中国史看是“中国人民和中华民族发展史上一次伟大革命”。学改革开放史，就是要深刻把握改革开放这项重大战略抉择的历史背景、决策部署和发展历程，更加深刻理解中国特色社会主义为什么“好”。世界社会主义500年，从空想到科学、从理论到实践、从一国到多国，形成阵营、三分天下有其一到受到重创、陷入低潮，到今天科学社会主义在中国焕发勃勃生机，更加深刻理解马克思主义为什么“行”。

二是学习中国古代史和近代史。党员干部培养历史素养，离不开国史的滋养。延安时期，毛泽东同志带头组建了中央学习组，组织领导干部学习中国古代史、中国近代革命史、近代世界革命史等。1949年到1969年的20年间，毛泽东借阅书籍6000余册，“二十四史”等历史书籍占据很大比重，以史为鉴，提出了中国社会的主要矛盾、社会性质等一系列独到的政治见解。“不了解中国历史和文化，尤其是不了解近代以来的中国历史和文化，就很难全面把握当代中国的社会状况，很难全面把握当代中国人民的抱负和梦想，很难全面把握中国人民选择的发展道路。”①

三是学习世界文明史。公元前800年至公元前200年的“轴心时代”，在

① 《习近平致信祝贺第二十二届国际历史科学大会开幕》，《人民日报》，2015年8月24日。

充满社会动荡的春秋战国时期、古印度、古希腊，不分东西地域几乎同一历史时期，社会思想文化异彩纷呈，各自形成了影响世界的文化中心和文明模式。这些都是党员干部培养历史眼光不可或缺的“世界眼光”，尤其是在中国积极参与世界文明治理体系变革的今天，学习世界历史，可以开阔视野，汲取了世界文明发展中的经验和教训。但应注意，“必须坚持以我为主、为我所用，认真鉴别、合理吸收”。

（二）学习历史的原则和方法

诚如哲学家亚瑟·叔本华所言，“没有独立思考的人，读书再多也只是两脚书橱”，没有原则的学，历史知识不会提升为历史素养。

一是坚持正确祖国观、民族观、文化观、宗教观与历史观的辩证统一。提升历史素养、科学看待历史，历史观是灵魂。历史“观”“观”历史，就是关于历史的一系列观点、学说。历史观与祖国观、民族观、文化观、宗教观，是紧密联系、相互影响，且融为一体的观念体系，是民族国家公民的世界观在国家、民族、文化、历史、宗教问题上的具体表现和展开，是情感、心理、意志和信仰的统一，蕴含着对国家和民族及其历史和文化的认同感、忠诚感、责任感，昭示着公民对国家、民族、文化、历史和宗教认识问题的科学态度和科学观念。[①] 这种态度和观念一经生成，就会随着历史演化不断发展，浸润一代又一代，并内化为人们的心理文化积淀，进而成为民族国家团结统一繁荣发展的精神基础。党员干部正确认识国家、民族、文化、宗教等相关问题，能够为科学看待历史提供思想理念、精神标识和价值遵循，才能对历史及其相关问题形成科学认知。

二是坚持全面系统原则。就是要处理好整体与部分以及各部分之间的关系。首先，“四史”是核心是重点，中国古代史和近代史是基础，世界文明史是补充。其次，从时间维度来系统学习“四史。一是将改革开放史置于新中国史中学习，理解改革开放的重大历史意义；二是将新中国史放置于中国共产党百年的奋斗历程中学习，理解新中国成立的重大历史意义；三是将中国

---

① 王立胜、王清涛：《解决民族问题的精神力量：正确的国家观、历史观、民族观——学习习近平总书记关于民族问题的重要论述》，《理论学刊》，2015 年。

共产党百年的奋斗历程放置于世界社会主义500年的历史背景中，更加自信党的伟大、光荣、正确；四是将社会主义发展史与其他三个结合起来，感悟马克思主义的真理力量。最后，“四史”中的党史，是学习的重中之重。

三是坚持客观辩证原则。“历史就是历史，事实就是事实，任何人都不可能改变历史和事实。”①“要坚持实事求是的思想路线，分清主流和支流，坚持真理，修正错误，发扬经验，吸取教训。”学习历史要实事求是，坚决摒弃自然历史观、神学历史观等的影响而陷入唯心史观，掉进历史虚无主义的泥潭，“把历史结论建立在翔实准确的史料支撑和深入细致的研究分析的基础之上”②。党员干部要把握好守正与创新、主线与细节、进步与代价、历史与现实的关系，深入持续地学习“四史”，诚如李达所言“研究马克思主义就要有实事求是的科学精神，不能拿它当饭碗，不能像小贩，天晴就摆摊子，下雨就收摊子”。

二、掌握观点方法，正确评价历史

科学看待历史，是为了能正确评价历史，直接体现为党员干部的历史思维能力。接受马克思主义哲学智慧的滋养，运用正确的观点方法评价历史人物、历史事件，是提升历史思维能力的重要方法和保障。经典原著《路易·波拿巴的雾月十八日》为我们提供了一个唯物史观的历史评价模式。站在理论的潮头，习近平总书记关于历史评价的重要论述已然构建起了一个科学的历史评价理论体系，对于党员干部批驳形形色色的社会思潮，树牢马克思主义历史评价观，具有深刻的思想引领和方法论意义。

（一）坚持唯物史观

历史事件、历史人物和历史现象的存在，受到具体的生产方式、地理环境和人口等因素的制约，应当以马克思主义唯物史观为指导，确定历史评价

① 习近平：《在纪念全民族抗战爆发七十七周年仪式上的讲话》，《人民日报》，2014年7月8日。

② 习近平：《让历史说话用史实发言 深入开展中国人民抗日战争研究》，《人民日报》，2015年8月1日。

的原则和标准。

一要坚持历史性、阶级性、辩证性原则。“历史是不能选择的，对于发生的曲折和挫折，我们要用一个历史的眼光、辩证的眼光来对待它。”坚持历史性原则就是要深化历史评价的客观性、科学性，评价历史事件、历史人物“不能离开对历史条件、历史过程的全面认识和对历史规律的科学把握，不能忽略历史必然性和历史偶然性的关系。不能把历史顺境中的成功简单归功于个人，也不能把历史逆境中的挫折简单归咎于个人。不能用今天的时代条件、发展水平、认识水平去衡量和要求前人，不能苛求前人干出只有后人才能干出的业绩来”。同时，做到“不能因为他们伟大就把他们像神那样顶礼膜拜，不容许提出并纠正他们的失误和错误”；也不能因为他们有失误和错误就全盘否定，抹杀他们的历史功绩，陷入虚无主义的泥潭。”坚持阶级性原则就是要深化历史评价的实践价值。“看待政治制度模式，必须坚持马克思主义政治立场。马克思主义政治立场，首先就是阶级立场，进行阶级分析。”以阶级分析法，抵制国际“颜色革命”“新自由主义”思潮的肆虐。发扬辩证性原则，就是加强历史评价的全面性、严谨性，展现历史现象的发展进程，助推现实社会实现良性发展。

二要坚持“四个标准”，即“是否有利于生产力的发展，是否顺应了历史发展的潮流，是否符合广大人民的利益，是否有利于社会历史的进步”。[①]生产力与生产关系、经济基础与上层建筑的矛盾构成社会基本矛盾，社会基本矛盾运动推动历史不断向前发展。所以，正确评价历史的根本着力点在于抓住这两对矛盾关系，正视矛盾双方的互相斗争性，以代价眼光评价历史；正视矛盾双方的互相依存性，以共生的眼光评价历史；正视矛盾双方的互相转化性，保持历史耐心，以发展眼光评价历史；正视矛盾双方的各自的对立面，避免片面化，坚持以全面的眼光评价历史。同时，人类社会历史发展的最基本因素是生产力，“人”则是其中最活跃的因素。人民群众是物质财富的创造者、精神财富的创造者、更是社会变革的决定性力量。时势造英雄而非英雄

① 习近平：《在纪念毛泽东同志诞辰120周年座谈会上的讲话》[N].《人民日报》，2013年12月27日。

造时势，评价历史要坚决摒弃“英雄史观”“精英史观”，科学认识“领袖、政党、阶级、群众是有机统一体”。

（二）坚持正确党史观

中国共产党的伟大，在于它兼具了真正的马克思主义那种实事求是的态度和解放思想的勇气，而这种态度和勇气同样在其党史观中有充分的体现。正确的党史观，即“坚持以我们党关于历史问题的两个决议和党中央有关精神为依据，准确把握党的历史发展的主题主线、主流本质，正确认识和科学评价党史上的重大事件、重要会议、重要人物。要旗帜鲜明反对历史虚无主义，加强思想引导和理论辨析，更好正本清源、固本培元”。①

一是培养大历史观。用大历史观来评价百年党史的独特地位，坚持用发展的、联系的、全面的唯物观点看待党团结带领中国人民百年奋斗的伟大成就、重要经验和历史问题，从历史条件、历史过程的全面认识和对历史规律的科学把握基础上来评价历史事件和历史人物。对于过去出现的问题、经历的挫折，正如习近平总书记所强调的：“我们敢于承认、科学分析，最后纠正错误。”正确评价历史，一要“敢于承认”，体现为党员干部的一种品质、更是一种遇到问题不回避、正面回应的勇气；二要“科学分析”，把握党的历史发展的主题主线、主流本质，“宜粗不宜细”，不纠缠历史细节，不归咎于个人问题，以大统小，而不是以小见大；三要以坚定的历史自觉和历史自信“纠正错误”。

二是坚持党性。列宁在《唯物主义和经验批判主义》中提出和阐述了哲学党性原则，指出：“哲学立场和路线上的学术派别性，哲学背后的阶级立场和政治利益上的党派性，任何超阶级的哲学是不存在的。”中国共产党的党性实质上就是人民性，其党性既包含着对人民性的充分尊重，更高度升华和集中体现着人民性的光辉，人民性是中国共产党总结历史、评价历史的根本价值准则。作为意识形态的党史观，必然要旗帜鲜明讲政治，从政治角度来看待历史问题，以党的“三个历史决议”和党中央的有关精神为依据，对重大政治原则

① 习近平：《在党史学习教育动员大会上的讲话》，新华网，2021 年 2 月 20 日。

和大是大非问题敢于亮剑，在坚决反对历史虚无主义的斗争中正本清源。

三、把握历史规律，善于借鉴历史

“所贵乎史者，述往以为来者师也”，科学看待历史、正确评价历史，是为了以史为鉴，鉴往知来，所“鉴”之，其实就是历史经验、教训背后的不以人的意志为转移的客观规律。能否透过表象看本质，抓住本质找规律，把握规律中掌握历史主动，运用规律抓住工作重点、提升战略眼光，是党员干部历史思维能力的重要体现。历史发展自有其规律，无论做什么事情，都要尊重规律，而尊重规律也是自有其方式方法。

（一）在历史前进的逻辑中坚持历史规律

把握历史规律是以总结历史经验为基础的，无论是“九个必须”还是“十个坚持”，其本质上都是中国共产党将百年奋斗的历史经验和教训上升至理论性、规律性的认识层面。

一是坚持根本规律性认识。党的领导是根本政治保证、人民至上是力量源泉是根本落脚点、理论创新是把握历史主动之根本、独立自主是立党立国的重要原则、中国道路管方向；胸怀天下是情怀、开拓创新是根本动力、敢于斗争是精神力量、统一战线是重要法宝、自我革命是最鲜明品格和最大优势。“十个坚持”的规律性认识，系统完整又层层递进，它深刻揭示了中国特色社会主义、社会主义现代化强国建设的根本保证、力量源泉和路径方法；揭示了长期执政的马克思主义政党保持先进性纯洁性的途径和手段。此外，2022年3月5日，习近平总书记在参加内蒙古代表团审议时强调了“五个必由之路”，即“坚持党的全面领导是坚持和发展中国特色社会主义的必由之路；中国特色社会主义是实现中华民族伟大复兴的必由之路；团结奋斗是中国人民创造历史伟业的必由之路；贯彻新发展理念是新时代我国发展壮大的必由之路；全面从严治党是党永葆生机活力、走好新的赶考之路的必由之路”。如此根本的规律性认识为我们奋进新征程、建功新时代指明了方向，是党员干部履职尽责的行动准则和价值遵循。

二是科学运用基本规律，警惕教条主义和主观主义。把握和运用规律，要坚持实事求是，注重从变化了的实际出发，而不是只唯上、只唯书、只唯旧，生搬硬套一些原则、概念来处理问题。在我们党的发展历史上，只要坚持一切从实际出发，党和人民的事业就能够不断取得胜利；反之，就会遭受损失或挫折。如何做到从实际出发？要避免“郑人买履”式教条主义错误，确保上级政策精神落地生根，最关键的还在于将上级政策精神与基层工作实际相结合，善于寻找政策空间，创造性地开展工作。今天，尤其要警惕教条主义的新的表现。比如，“以执行规定之名义刁难群众、以贯彻落实之名义大搞形式主义、以遵循惯例之名义阻碍改革创新等”[①]。把握和运用规律，还要充分发挥人的主观能动性，避免从狭隘的个人经验出发，采取孤立、静止、片面的观点，使主观和客观相分裂、认识和实践相脱离，摒弃“过去如此，现在也应该如此”等认知心理，要抱有敢想敢闯敢试的精神。

（二）在时代发展潮流中深化认识历史规律

马克思主义中国化时代化的历史进程中，中国共产党人不断开辟出了获得规律性认识的科学辩证方法，这些方法论都是党员干部提升历史思维能力所必须把握的。

一是坚持“实践—认识—再实践—再认识”，探索总结客观规律。毛泽东同志将教条主义和经验主义的批判上升到哲学高度而写就的《实践论》，深刻阐释了认识运动的总规律，即认识过程的两个阶段和两次飞跃。人们只有在社会实践中才是把握对外界认识的真理性标准。这个真理性标准的形成要经历“去粗取精、去伪存真、由此及彼、由表及里”的认识过程，最终又回到指导实践上来。认识，不是一蹴而就的，更不是凭空拍脑袋就产生，而是在实践中形成的，所谓“失败者成功之母”“吃一堑长一智”，就是这个道理。认识正确与否，同样如此，要回到实践中去检验，还要在实践中去努力实现。比如，因为揭示出中国革命胜利发展的必然趋势和客观规律而评价毛泽东同志伟大，显然不够，因为革命的前景只有失败和成果两种可能，其真正的伟大在于，能够在实践中不断深化认识、并把认识付诸实践成为现实，进而创

① 梓夫：《警惕教条主义新表现》，云岭先锋，2021 年第 10 期，第 26 页。

立毛泽东思想，产生了马克思主义中国化的第一次历史性飞跃。

二是“不争论”。邓小平在南方谈话中指出：“对改革开放，一开始就有不同意见，这是正常的……不争论，是为了争取时间干。一争论就复杂了，把时间都争掉了，什么也干不成。”[①] 邓小平的“不争论”，就是通过实践来检验，拿事实来说话，避免无谓的争论阻碍了改革开放的步伐和进程。回顾过去，中国特色社会主义道路能够走出困难、走向辉煌，靠的不是“空谈式”的争论，而是脚踏实地的奋斗。确也存在热衷虚谈废务而不求真务实，玩虚套子放空炮，只会纸上谈兵却不知行合一的情况。在百年未有之大变局下，不需要空谈式的干部，而需要只争朝夕、真抓实干的行动者，党员干部要警惕“评论家”，争当“实干家”，一定要真抓实干，务实功、出实招、求实效，善作善成，坚决杜绝口号式、表态式、包装式落实的做法，发扬求真务实的工作作风，踏踏实实做事。

三是“事实是真理的依据”。面对国内社会主要矛盾的转变、国际上正在经历着的新一轮大发展、大变革、大调整以及由此带来的人类社会所存在的许多新的全球性不稳定的因素、挑战和困境，习近平总书记坚持用马克思主义观察时代、解读时代、引领时代，科学、辩证地认识时代主题，回答时代课题，提出“没有哪个国家能够独自应对人类面临的各种挑战，也没有哪个国家能够退回到自我封闭的孤岛”，并用“和平合作的潮流滚滚向前”“开放融通的潮流滚滚向前”“变革创新的潮流滚滚向前”，为世界大势和时代发展潮流标定方向，提出人类命运共同体理念。这就启示党员干部要科学研判“时”与“势”，辩证把握“危”和“机”，立足具体的历史的实践中，通过实践走向历史的深入，透过纷繁复杂的历史现象来把准历史跳动的脉搏。

四、发挥历史主动，创造新的历史

“对历史的最好纪念，就是创造新的历史。”[②] 而党员干部历史思维能力的

---

① 《邓小平文选》（第 3 卷），人民出版社 1993 年版，第 374 页。

② 习近平：《对历史的最好纪念，就是创造新的历史》，《人民日报》（海外版），2018 年 12 月 14 日。

提升，最终的落脚点也是创造新的历史，人民对于美好生活的向往就是我们的奋斗目标。“知者行之始，行者知之成”，一代人有一代人的历史重任，新时代赋予新使命，党员干部要以“功成不必在我”的精神境界，牢固树立正确政绩观，以“功成必定有我”的历史担当和历史主动，自觉克服“看客”心态，不当局外人，保持奋发进取、有所作为的昂扬斗志，努力做出无愧于时代、无愧于人民、无愧于历史的业绩。

（一）汲取更为主动的精神力量

诚如李大钊同志所言：“历史的道路，不全是坦平的，有时走到艰难险阻的境界，这是全靠雄健的精神才能够冲过去的。”全面建设社会主义现代化国家新的赶考之路上，更需要发挥历史主动精神。

一是以真理的精神追求真理。2020 年 9 月 17 日，望着千年学府岳麓书院讲堂檐上“实事求是”的匾额，正在湖南考察的习近平总书记凝思而语道：“一定要把真理本土化。”中国共产党运用马克思主义基本原理，始终坚持解放思想、实事求是和守正创新相统一，以马克思主义之“矢”去射中国之“的”。新的赶考之路上，新情况新问题就越多，也就越需要我们在实践上大胆探索、在理论上不断突破，从无产阶级历史主动性学说中汲取主动的精神力量，以我们正在做的事情为中心，坚持问题导向，不断开辟 21 世纪马克思主义发展新境界。

二是以人民至上为价值旨归。“为人民而生，因人民而兴，始终同人民在一起，为人民利益而奋斗，是中国共产党立党兴党强党的根本出发点和落脚点。”百年来，从革命主动到发展主动，从落后时代、追赶时代到今天的引领时代，不断从勤劳智慧富于创造的伟大人民中汲取更为主动的精神力量，今天的中国人民更加自信、自立、自强，更有志气、骨气、底气，也必将焕发出前所未有的历史主动精神、历史创造精神。党员干部要牢记江山就是人民、人民就是江山，聆听人民心声、回应现实需要，与人民心心相印、与人民同甘共苦、与人民团结奋斗。

（二）强化历史担当

弄清楚“我是谁、为了谁”“从哪里来、往哪里走”“为什么出发、为什么奋斗”等基本问题，能否创造新的历史，其落脚点就在于历史担当，在于常怀忧党之心、为党之责、强党之志。

一是尊重历史规律，科学谋划。中国现代化经历了从“外源被动型”到“内生自主型”的转型发展，西方发达国家是一个“串联式”的发展过程，工业化、城镇化、农业现代化、信息化顺序发展，发展到目前水平用了200多年时间。我们要后来居上，决定了我国发展必然是一个“并联式”的过程，工业化、信息化、城镇化、农业现代化是叠加发展的。走和平发展道路，不是主观地想和平地发展，客观就能心随所愿，百年未有之大变局愈演愈烈，世界发展形势充满了变数。我们更需要坚持在历史前进的逻辑中前进、在时代发展的潮流中发展，准确识变、科学应变、主动求变。新时代的中国共产党人注重认识、把握和运用历史规律，审时度势、综合研判、科学谋划，既对当下局势作出有效性应对，又对未来趋势作出前瞻性预判，从而把领导权、主动权牢牢掌握在自己手中。正如习近平总书记指出：“只要把握住历史发展规律和大势，抓住历史变革时机，顺势而为，奋发有为，我们就能够更好前进。”

二是顺应历史进程，担当作为。中国何以走上现代化道路？于民族危难之际开启现代化征程，西方列强的坚船利炮让沉睡中的旧中国被动卷入到现代化浪潮中，而形成于中国共产党人持续探索过程。从党的七届二中全会上，毛泽东同志就向全党提出“使中国稳步地由农业国转变为工业国，把中国建设成一个伟大的社会主义国家”到邓小平提出“我们搞的现代化，是中国式的现代化”。中国的现代化进程并非一帆风顺，百年如一日，靠的是什么？使命担当。诚如，1919年，青年毛泽东在《湘江评论》创刊词中写道：“天下者，我们的天下；国家者，我们的国家；社会者，我们的社会；我们不说，谁说？我们不干，谁干？”2019年，习近平主席在出访期间回答外国领导人提问时说：“我将无我，不负人民。我愿意做到一个‘无我’的状态，为中国的发展奉献自己。”跨越百年的时代宣言，展现出中国共产党人舍我其谁的使命担当。新时代的党员干部，必然要有新担当新作为，不断提升历史思维能力，在实现中华民族伟大复兴的进程中跑好属于我们这代人的这一棒。

【延伸阅读】

20 年后中国革命一定会胜利

1928 年的春夏之际，湘赣边界割据区域刮起了一股颇为扰乱人心的风浪，其代表性口号就是时任红四军三十一团团部宣传干事的杨岳彬提出的“红旗到底打得多久”。这其中的直接原因，是三月底湘南失败，湘赣边界被敌人占领，再加上秋收起义的失利与广州起义失败的潜在影响。一系列挫折所引起的连锁反应及事实上艰难困苦的环境，使他们看不到革命的光明前景。

湘赣边界党的“一大”召开之前的四五天，毛泽东与龙开富到宁冈县坝上，了解乡村红色政权建设的情形。进村不久，遇到了宁冈县委组织部部长刘克犹和区委干部刘亮玉。刘克犹情不自禁地问道：“眼下冒出个‘红旗到底打得多久’的疑问，挺是扰乱人心的，这样下去不是个头。毛委员，你的看法怎么样？”

听了刘克犹的提问，毛泽东默然一阵，才语气凝重地说：“是呀，有人提出了疑问，不作答复是不行的，边界党正在考虑这件事情。马上要召开边界党的第一次代表大会，届时着重解决右倾悲观的问题。”他停顿了几秒钟，接下说：“有些同志在革命发生困难和危急的时候，就怀疑革命的红旗子打不下去，因而发生了悲观情绪。这里面一个重要的原因是看小了革命的力量，看大了敌人的力量。这些同志只看表面现象，不看问题的实质，所以容易被迷惑，认为革命胜利的前途渺茫得很，悲观丧气的思想也由此而生。”毛泽东以激昂洪亮的声音继续说道：“世上的道路总是弯弯曲曲的，革命何尝不是这样？湘南有个三月失败，井冈山也被敌人占领过一次，这怕么子呢？损失了的东西还可以创造嘛。去年秋天，我们上井冈山不到一千人，尔今又怎么样呢？我们有湘赣边界这样的好地形，又有广大民众的拥护，毫无疑问会得到发展的。边界的红旗子无论如何倒不了，一定能够打下去！”

刘克犹等人听得非常认真，毛泽东见状意犹未尽地说：“一叶障目，不见高山，右倾悲观的思想只有自我消沉，这是非常有害的！”与刘克犹一道来的刘亮玉，激动之余，不禁冲口而出问了一句：“毛委员，照这样下去，你说革命什么时候才能胜利?”

毛泽东略一沉思,深邃的目光投向屋外逶迤起伏的群山,朗声回道:“20年后,革命一定能够胜利!”刘亮玉的眼里闪过一道惊喜交加的光焰,连连点头说:“我相信,我相信。”毛泽东这次在坝上的预言性讲话,经刘克犹、刘亮玉几个人传播出去,在民众当中产生了很大的影响,“20年后”这句话在许多人的脑子里打下了烙印。或许,在当时,很多人还不敢相信,甚至也根本就想不到那一步,毕竟在那种背景和环境下,红军过着艰苦的日子,每天打仗,吃喝穿都不充足,即便很多人坚信会有那么一天,但是他们也不敢确信在20年后这一天会真正实现!而毛泽东,就在这个最艰难的时刻,给了大家信心,不仅如此,此后的20年,他一直带着这种革命必胜的信念,带领红军一步步走向最终的胜利!

——节选自:谢才寿,《毛泽东井冈山预言:二十年后革命一定会胜利》《党史文苑》,2007年,第19期。

第三课

提高辩证思维能力 攻坚克难化解矛盾

经典语录

辩证法在对现存事物的肯定的理解中同时包含对现存事物的否定的理解，即对现存事物的必然灭亡的理解；辩证法对每一种既成的形式都是从不断的运动中，因而也是从它的暂时性方面去理解；辩证法不崇拜任何东西，按其本质来说，它是批判的和革命的。

——《马克思恩格斯选集》第 2 卷，人民出版社 1995 年版，第 112 页。

党的二十大报告明确指出："实践没有止境，理论创新也没有止境。不断谱写马克思主义中国化时代化新篇章，是当代中国共产党人的庄严历史责任。继续推进实践基础上的理论创新，首先要把握好新时代中国特色社会主义思想的世界观和方法论，坚持好、运用好贯穿其中的立场观点方法。"把握习近平新时代中国特色社会主义思想的世界观和方法论就必须要坚持系统观念，坚持用辩证思维分析问题，解决问题，推动发展。所谓辩证思维方法指的是人们自觉运用唯物辩证法分析问题和解决问题的科学思维方式。马克思主义唯物辩证法认为，世界上万事万物都是相互联系，不断发展的。中国特色社会主义进入新时代，这就对各级党员干部提出了更高的要求，特别是应当进一步强化辩证思维能力，只有这样才能适应新时代的新要求。注重提升和运用辩证思维既是中国共产党人的制胜法宝，也是百年党史的优良传统。习近平总书记的辩证思维方法论基于更高的站位、广阔的视野，为我们处理复杂工作局面和解决现实问题提供了必要指导，为我们党带领全体人民实现中华民族伟大复兴具有重要的思想指引。

第一节　深刻领会辩证思维的科学内涵与重大意义

要全面提高辩证思维能力，首先就要领会辩证思维的内涵和意义。马克思主义辩证思维遵循的基本规律就是唯物辩证法。中国共产党百年的历史也是不断运用辩证思维分析问题和解决问题的历史。不论是在党的革命时期，建设时期和改革开放以来，中国共产党都十分注重辩证思维方式运用，并且取得一系列显著成就，党的十八大以来，习近平总书记更是将马克思主义辩证思维的运用提高到全新境界。

一、辩证思维的科学内涵

唯物辩证法是马克思主义辩证思维的基本遵循，这与唯心辩证法、形而上学思维是有本质不同的。马克思主义辩证思维的突出特征是客观性、系统性、全面性。深入学习辩证思维、准确掌握基本规律，有助于辩证思维的科学运用和对工作中遇到的困难和问题的解决。

（一）辩证思维的哲学基础

马克思主义辩证思维方法的前提是基于唯物主义进行分析研究，其目的不仅是将联系的和发展的观点在客观事物上的应用，更主要的是强调了客观对象自身的联系、发展特性。辩证法三大规律包括对立统一规律、量变质变规律、否定之否定规律。就其自身特征而言，可以从三个方面加以理解。

1. 唯物性和客观性。客观对象总是保持着动态发展，而通过思维方法能够彻底地将事物的根本揭示出来。学习辩证思维首先要把握的就是马克思主义辩证思维方法的客观性。如果将客观对象错误地认知为感性存在，而并非感性活动，此时就无法从根本上将其内在联系与发展特点揭露出来。这就是以费尔巴哈为代表的旧唯物主义者在研究社会历史领域时，很容易出现唯心主义倾向的主要原因。在著作《关于费尔巴哈的提纲》中，马克思表示，对于人的思维是否具有客观的真实性问题，并非是理论层面的，而应当将其纳入实践层面。人需要结合实践对思维的真理进行验证。对于离开实践的思维的现实性和非现实性的辩论，是单纯的经院哲学领域的内容①。基于实践验证真理性，强调的是对事物双方的统一、对立的过程进行高度认知，从而准确把握潜在的运动规律。马克思指出，辩证方法论揭示了真理，由思维自身生成的方法论不具有科学价值。导致方法论表现出联系、发展特点的根本在于其在看待各类事物要充分考虑其所处的环境。而所有的事物都处于特定的环境、外部条件下，并且不断与别的事物发生各种各样的联系，同时其自身也是不断发展变化的。

2. 联系性和发展性。联系性和发展性是唯物辩证法的两大特征。联系是指事物内部各要素之间和事物之间相互影响、相互制约、相互作用的关系。恩格斯指出，当我们通过思维来考察自然界或人类历史或我们自己的精神活动的时候，首先呈现在我们眼前的，是一幅由种种联系和相互作用无穷无尽

---

① 马克思、恩格斯：《马克思恩格斯选集》第1卷，人民出版社1995年版，第55页。

地交织起来的画面。联系具有客观性，世界上每一种事物都是在与其他事物的联系之中存在的，事物的联系是事物本身所固有的，是不以人的意志为转移的。联系具有普遍性，对于由种种事物组成的客观世界来说，整个世界都是相互联系的统一整体。联系具有多样性，不同的联系构成了事物内部和事物之间的存在状态和发展趋势。联系还具有条件性，条件是对事物存在和发展发生作用的诸要素的总和。辩证法也强调发展，恩格斯指出，世界不是既成事物的集合体，而是过程的集合体，其中各个似乎稳定的事物同它们在我们头脑中的思维映像即概念一样都处在生成和灭亡的不断变化中，在这种变化中，尽管有种种表面的偶然性，尽管有种种暂时的倒退，前进的发展终究会实现。事物发展的辩证本性所决定了新事物必然战胜旧事物。

3. 系统性与全面性。辩证思维强调的是全面性、系统性与联系性、发展性的相统一。系统性是指一个层次分明的整体，不同维度的指标处于不同层级，形成一定的秩序、同层级指标之间、指标层与指标层之间具有清晰的逻辑关系。因此，在认识任何事物时，只有对各个层次、各个维度都全面系统的掌握，才能更深层次的把握其所有的发展性和关联性。不然就非常容易出现偏差，从而造成事倍功半，甚至南辕北辙。由此可见，关联性中的各类要素不但包括相互联系的特性，还包括互动的特性。关联性不是保持不变的，而是动态调整的，所以要求我们需要关注事物之间良性互动的维持，以此确保事物实现真正的良性发展，这也与辩证思维的要求是高度一致的。辩证思维的特点是从对象的内在矛盾的运动变化中，从其各个方面的相互联系中进行考察，以便从整体上、本质上完整地认识对象。辩证思维运用逻辑范畴及其体系来把握具体真理，以世间万物之间的客观联系为基础，而进行对世界进一步的认识和感知，并在思考的过程中考虑到各种复杂关系，进而得到某种结论的一种思维。辩证思维模式要求观察问题和分析问题时，以动态发展的眼光来看问题。

（二）辩证思维的理论特性

辩证思维不同于其他思维方式，其理论特性可以体现在这样几个方面，即辩证思维是“关于普遍联系的科学”，是“对立面统一的思维”，辩证思维是“改变世界”的思维方式。具体来说，可以做如下阐释：

1. 辩证思维是“关于普遍联系的科学”。恩格斯揭示了辩证法的本质，即是普遍联系的科学。可以看出，世界普遍联系原理是唯物辩证主义的突出特征。在人类借助于思维的方式对外部进行观察或研究时，最先浮现在人们面前的是各个相互联系、互相影响的事物。[①]从辩证的观点看，人类世界是统一的，是互相联系的，所有的现象、事物都不可能单独存在，必然和周边的事物存在一定程度的联系。辩证思维遵循世界的物质统一性观点，认为所有的事物都具有内部、外部联系两个方面。另外，事物之间不具有绝对分明的并且固定不变的界限，即不存在绝对的无条件的“非此即彼”，在特定环境下会是“非此即彼”，在其他环境下会是“亦此亦彼”，相互对立的双方还能够互为中介，转变成对方转化的桥梁。

2. 辩证思维是“对立面统一的思维”。唯物辩证法强调，事物的本质联系就是矛盾，矛盾是导致事物对立统一的根本。黑格尔指出，正是矛盾的存在才引起事物的运动。马克思、恩格斯对黑格尔的理论进行了进一步完善和升华，对矛盾运动进行了描述，即利用自身的运动、斗争实现低级至高级的转化，以此实现对自然界生活的制约。20世纪初期，列宁表示辩证法是关于“对立面的统一的学说”“统一物之分为两个部分以及对它的矛盾着的部分的认识，是辩证法的实质”，[②]基于对立统一的视角认知辩证法，才可以真正理解辩证法的内涵。[③]

3. 辩证思维是“改变世界”的思维。问题的根本是为了改变世界，学者仅仅是基于多元化的视角描述世界。黑格尔认为：“哲学的目的是对存在的事物进行描述，事物只要存在就是合理的。以个人为例，所有人的存在都与所在的时代有关，哲学亦是如此。”[④]马克思对黑格尔的理论进行了升华，否认了旧唯物主义，指出旧唯物主义在认知对象性活动的过程中出现了偏差。物质

① 马克思、恩格斯：《马克思恩格斯选集》第3卷，人民出版社2012年版，第395页。

② 列宁：《列宁选集》第2卷，人民出版社2012年版，第556页。

③ 列宁：《列宁选集》第2卷，人民出版社2012年版，第412页。

④ 北京大学哲学系外国哲学史教研室：《西方哲学原著选读》下卷．商务印书馆1982年版，第442页。

应当是囊括了所有的实物，是事物共同本质的抽象，是客观存在的。也就是说，应当将实践理解为人类认知的来源。马克思主义理论强调了实践与理论的联系，是对之前哲学观点的超越。

二、坚持辩证思维的重大意义

习近平总书记多次指出，唯物辩证法的学习对于党员是非常重要的，这既是中国共产党一以贯之的优良传统，也是服务人民群众，奋进下一个百年奋斗目标所必须具备的思维方式。总体来看，提高辩证思维能力以应对新时代挑战的意义重大，具体可以从以下几个方面展开。

（一）审时度势谋划发展的需要

在《干在实处走在前列》中，时任浙江省委书记的习近平同志指出，要准确地把握形势："既逐步掌握基于全局的角度看'形'、基于长远的角度看'势'。无论是在地方还是中央工作，都强调研判客观形势的重要性，指出辩证思维能力是各级领导干部都应当具备的。"一方面，辩证思维能够紧扣时代主题，科学地处理社会发展进程中的各方面关系。旗帜彰显方向，道路引导命运。旗帜、道路的选择可以说直接决定了中国共产党和中国未来的发展方向。党的十八大之后，习近平总书记强调，坚持与发展中国特色社会主义是当前我们党的理论与实践活动的核心，这也为党的十八大后，我们党与国家的发展指明了方向。《论中国共产党历史》中指出，改革开放前、改革开放后是两个不同的历史阶段，两者是密切相关的，从根本上看都属于我们开展社会主义建设活动的摸索。另一方面，运用辩证思维能够科学把握社会主要矛盾的变化，把握社会发展趋势。习近平总书记在十九大报告中强调，我国社会的主要矛盾是人民日益增长的美好生活需要和不平衡不充分的发展之间的矛盾。要科学把握"变和不变"的辩证关系，一方面社会主要矛盾已经转化，另一方面中国依然长期处于社会主义初级阶段的基本国情没有变，仍然是世界上最大的发展中国家的国家地位没有变。因此，我们必须要不断提升辩证思维能力，审时度势准确把握国内发展大局还有复杂的外部环境的关系，方能把握中心任务，推动工作进展。

（二）统筹兼顾深化改革的需要

理解全面深化改革，首先要把握改革辩证法中守正的内核。中国的改革绝非西方化的“转型”，必须回答好“改什么”的根本问题。而要坚持改革正确方向，又必然要求旗帜鲜明地使改革服务于捍卫中国之社会主义底色。全面深化改革也要积极探索改革辩证法中创新的规律。同时，随着改革的不断推进，涉及的矛盾越来越复杂，对各级党员领导干部的综合素质提出了较高的要求，即要不断提升辩证思维能力。《习近平谈治国理政》中指出，广大党员领导干部要不断落实十八届三中全会之后确定的各项工作。之前应当将重心放在夯实基础、全面推进上，目前则应当强调系统集成、协同高效。从以上观点中不难看到，在全面深化改革阶段，辩证思维发挥着至关重要的作用，各级领导干部应当科学地运用辩证思维，正确地处理不同改革阶段的社会关系，从而突出改革的前瞻性、协同性、系统性。对于改革问题，在浙江工作时，习近平同志就很好地用形象化语言对改革中的重大关系问题进行描述。例如，从“两种人”看“三农”问题，即用城市居民与农民两种身份的差别来分析统筹城乡发展问题；从“两只手”看深化改革，即用“看得见的手”“看不见的手”处理好改革期间政府和市场的关系；从“两座山”看生态环境保护，即用“绿水青山”与“金山银山”处理好经济发展与生态保护之间的关系。可见，对辩证思维的科学运用，对于正确处理改革问题意义重大。

（三）应对挑战化解风险的需要

党员干部只有提高辩证思维能力，学会全面辩证地看问题，才能站在战略和全局的高度观察和处理问题、从政治上认识和判断形势、透过纷繁复杂的表面现象把握事物的本质和发展的内在规律，在统筹兼顾的战略谋划中稳中求进，在运筹帷幄中化险为夷、转危为机，有效防范和应对重大风险。化险为夷、转危为安，就是按照对立统一规律通过掌握科学思维方式推动矛盾向对立面，向好的一面发展和变化。习近平总书记指出，在开展各项工作的过程，既要坚持两点论，同时还应突出重点论，不能没有主次、不加区别。同时，广大党员领导干部既要在形势有利的时候，善于看到潜伏着的不利因素，也要在形势不利的时候，善于发现蕴藏着的转机。在抗击武汉疫情的斗争中，习近平总书记亲自部署疫情防控工作，要求各级政府坚决打赢疫情防疫战。湖北与武汉的疫情控制，关乎着全国。基于上述决策部署，中国共产党严格落实“人民至上、生命至上”的要求，很好地做到对疫情防控过程中主要矛盾和矛盾主要方面的认知，加强协同合作，争取处理各个要素之间的关系，最终取得了疫情防控的阶段性胜利，科学运用辩证思维对把握防控疫情和经济发展之间的关系非常关键。可见，辩证思维的运用对化解各类风险挑战十分重要。

【延伸阅读】

抗日战争是持久战并要经历三个阶段

毛泽东的持久战战略及其对抗日战争发展进程的预见，可以说是最了不起的。1935 年 12 月，瓦窑堡会议提出，要为同敌人持久战而做准备自己的艰苦工作。共产党的持久战有三个要点：一是认为兵民是胜利之本，抗日战争是广大人民群众参加的全民族的全面抗战；二是认为抗日战争是消耗战，同时又是歼灭战，在敌强我弱态势下要把一般战争中起辅助作用的游击战上升到战略地位上来，广泛开展敌后山地游击战，并采取防御中的进攻、持久中的速决、内线中的外线等作战方针，主动灵活有计划地消灭敌人；三是认为抗日战争要有长期持久作战的正确战略，才能赢得中国的最后胜利。1938 年 5 月，毛泽东发表了《论持久战》，针对当时的“速胜论”和“亡国论”，通过对中日战争双方各个因素进行全面分析，回答了中国抗战为什么是持久战、怎样进行持久战、最后胜利为什么属于中国等重大问题。毛泽东科学地预见了整个抗日战争将经过“敌之战略进攻我之战略防御”“敌之战略保守我之准备反攻”“我之战略反攻敌之战略退却”三个阶段。后来的战争进程证明，毛泽东的预见是正确的。

——选自李君如《毛泽东在抗日战争中的科学预见及其方法论》《党的文献》，2015 年第 5 期。

第二节 中国共产党运用辩证思维的实践历程

自1921年诞生至今，中国共产党历经百年沧桑，在马克思列宁主义的基础上，结合中国实际形成了科学的辩证思维方法，运筹帷幄，谋划未来，带领中国人民取得了举世瞩目的成就。对中国共产党辩证思维的探索历程和具体实践进行归纳总结，尤其是从百年党史中学习辩证思维方式的科学运用，并以此来观察、思考、分析问题，有利于增强工作的科学性、预见性和创造性。

一、十八大之前党运用辩证思维的探索实践

中国共产党的百年历史始终闪烁着辩证思维的光芒。新民主主义革命时期，中国共产党用辩证思维妥善应对各种复杂的斗争局面。新中国建立之后，中国共产党在社会主义革命和建设事业中运用辩证思维呈现出新的特色。改革开放的历史进程中贯穿着中国共产党对辩证思维丰富的实践，辩证思维是在这一时期解放思想、凝心聚力的重要法宝。

（一）新民主主义革命时期

俄国十月革命的爆发让中国人民逐步接触、认识到国外先进的无产阶级指导思想，即马克思主义。在马克思主义进入中国的同时，唯物辩证法也开始被广大的知识分子所认知。随着中国共产党诞生，唯物辩证法在革命中的探索和实践也逐渐展开。具体来说可以概括如下：

1. 坚持斗争性，保持对农民运动的积极态度。在革命的初期，众多具有一定革命基础的地区先后宣布组建农会。通过鼓励广大农民积极地与“不法地主”“土豪劣绅”进行抗争，使得农民的社会地位显著提升，原有的被高度压迫的情况得到了很好的缓解。但是此时，“好得很”与“糟得很”两种观点的矛盾不断凸显，从地主阶级和农民阶级的关系出发，借助于实地考察，毛泽东基于辩证思维否定了“糟得很”的观点。

2. 以主要矛盾为核心，强调军事斗争的作用，在 1927 年召开的八七会议上，毛泽东明确提出要坚持主要矛盾，同时强调军事斗争的重要意义。认为中国共产党在随后的发展中要重视军事斗争，即枪杆子出政权[①]。另外，在会议上还明确了武装斗争与土地革命的相关要求，自此中国革命步入了快车道，革命根据地开始建立，土地革命开展得如火如荼，革命武装力量不断壮大。

3. 联合与斗争共存，维护统一战线。1931 年，日本发动侵华战争。1937 年，抗日战争全面爆发，中国共产党发挥中流砥柱作用，迅速建立抗日民族统一战线，经过艰苦卓绝的斗争最终取得胜利，这也恰恰是中国共产党联合与斗争共存的理念所决定的。统一战线是辩证法实践应用的具体体现。

（二）社会主义革命和建设时期

1949 年，中华人民共和国正式成立，中国人民迎来了当家做主的时代。摆在广大人民面前的是百废待兴的局面，国家建设、经济复苏成为亟待解决的难题。无论是“四面八方”政策，还是“十大关系”的详细阐述，都充分凸显了辩证思维的核心理念。

1. 在认同劳资双方同一性的基础上，形成了“四面八方”政策。七届二中全会明确要求，中国现阶段的核心工作是城市的复苏。通常学术界称新中国诞生后我党的国民经济指导政策为“四面八方”，具体指的是“实行公私兼顾、劳资两利、城乡互助、内外交流的政策”。借助于矛盾分析法，毛泽东将上述四对关系含有的同一性进行了总结归纳，突出了你中有我、我中有你的相互影响关系。同时指出，要将上述四对关系处理恰当，其核心是能够正确地认知同一性关系。

2. 从实际出发，确立过渡时期总路线。1953 年，中国共产党正式提出了过渡时期总路线，即在未来较长的时期内，以社会主义工业化为目标，同时完成对资本主义工商业、农业、手工业的社会主义改造。即我们统称的“一化三改”。这条总路线，符合生产关系一定要适合生产力状况的规律，反映了当时全国人民的普遍愿望，以便迅速发展生产力。

---

① 中共中央文献研究室：《建党以来重要文献选编》第 4 册，中央文献出版社 2011 年版，第 393 页。

3. 突出工业发展的中心作用。经过几年的发展，我国完成了社会主义制度框架的搭建，摆在中国共产党面前的是如何开展社会主义建设。毛泽东完成了著作《论十大关系》，就我国的社会主义建设如何开展明确了方向，这也鲜明地反映了毛泽东的辩证思维能力。《论十大关系》中回答了中国社会主义建设的方向，即要坚持与苏联一致的原则，同时还要注意采用不同的方式方法。

（三）改革开放和社会主义现代化建设新时期

1978 年的十一届三中全会之后，中国正式实施改革开放政策。无论是对市场和计划关系的探讨到社会主义市场经济体制的明确，还是经济建设为中心的确定，还是真理标准的探讨等，均从侧面彰显了辩证思维的重要意义。

1. 坚持实事求是和解放思想的统一。真理标准问题探讨实际上也是思想的解放。邓小平同志认为，如果无法很好地解放思想，就不可能形成科学的政治路线，即使确定出来也无法贯彻落实。因此要确保思想与实际统一、主观与客观统一，即坚持实事求是的原则。由此可知，实事求是和解放思想的辩证统一既是真理标准大讨论的理论遵循，也是实施改革开放的基本原则。

2. 坚持辩证思维，明确基本路线。在中国共产党第十三次全国代表大会上，明确提出要坚持“一个中心两个基本点”。具体而言就是要坚持经济建设的中心地位，坚持改革开放与四项基本原则。众所周知，中国共产党的基本路线与广大人民群众的根本利益以及国家的长期发展是高度吻合的，是马克思列宁主义中国化的结晶，是中国共产党理论联系实际的成果。“一个中心两个基本点”的提出，充分反映了中国共产党的唯物辩证法，在突出中心的同时，分析社会的主要矛盾，要求精神文化和物质文明同步发展。

3. 要辩证地看待“市场”和“计划”的作用。我国在全面改革开放期间面临最为严峻的考验就是到底是“姓社”还是“姓资”。要想准确地把控发展机遇，就必须要彻底消除思想层面上的障碍，而辩证思维方式恰恰能够透过现象看本质，抓住人民群众日益增长的物质文化需要这一根本需求，创造性的认识“计划”和“市场”的关系。中国共产党通过辩证地分析“市场经济”

和“计划经济”的优势和劣势，创造性地提出了社会主义市场经济制度，为我国社会经济的快速发展奠定了坚实的基础，为中国特色社会主义的发展做出了重要贡献。

二、进入新时代党运用辩证思维的具体实践

党的十八大以来，中国共产党人继续毫不动摇地学习与使用唯物辩证法，不断地完善和丰富自己的方法论，进一步提高辩证思维能力。习近平总书记明确提出，中国的事业是纵深发展的，因此应当坚持提高辩证思维能力。与此同时，要很好地处理长远与当前、重点与非重点、全局与局部的关系[①]。在习近平新时代中国特色社会主义思想中，蕴含着丰富的辩证法思想。具体来说，习近平新时代中国特色社会主义思想坚持发展理念和发展方式相统一，坚持当前与长远相统一，坚持国内大循环为主体与国际国内双循环辩证统一，坚持发展和安全相统一，充分体现了其辩证思维，并取得历史性成就。

（一）坚持“新发展理念”和“四个全面”相统一

作为习近平新时代中国特色社会主义思想重要内容的“新发展理念”和“四个全面”战略布局，两者具有内在统一性，构成一个紧密相连、相互促进、相得益彰的内在有机统一体，既为中国特色社会主义事业发展提供了新的行动指针，也为中国特色社会主义理论体系提供了新的理论供给。新发展理念的提出，是对经济发展规律的系统总结，是辩证唯物主义的具体运用。习近平总书记指出：“新发展理念的提出，是对辩证法的运用；新发展理念的实施，离不开辩证法的指导。”“四个全面”战略布局是马克思主义与中国实际相结合的产物：贯穿着马克思主义普遍联系观点，反映了我国经济社会发展各个领域的内在联系，体现了事物的普遍联系性；贯穿着马克思主义社会发展规律理论，揭示了我国经济社会发展各要素运行过程中的内在规律，体现了发展的辩证法思想；贯穿着马克思主义社会矛盾运动理论，抓住了我国经济社会发展的内在矛盾运动，体现了发展的对立统一性。“四个全面”战略

① 习近平：《辩证唯物主义是中国共产党人的世界观和方法论》《求是》，2019年第1期。

布局既是对我国改革开放以来发展实践的科学总结，也是继续推进我国经济社会发展的根本遵循，更是引领我国各领域全面发展的思想指南，为丰富发展中国特色社会主义理论体系开辟了广阔空间。“新发展理念”和“四个全面”两者密切相关，相互统一，为实现社会主义现代化强国提供思想基础和行动指南。

（二）坚持当前与长远相统一

当前与长远，是互为条件、互为因果、相辅相成、辩证统一的关系。习近平总书记一贯重视生态环境问题，如何协调处理环境和发展也是其工作重点。习近平总书记在浙江工作期间就明确要求，社会的发展不能盲目进行，不能以破坏环境为代价。他指出，绿水青山能够带来金山银行，而金山银山无法换取绿水青山。所以二者的关系既是相互矛盾的，又是辩证统一的[①]。党的十八大之后，他多次指出，我国社会在发展的过程中，一定要牢牢把握绿水青山就是金山银山的要求，各级政府要积极地推行低碳、循环绿色发展模式，要坚决摒弃以环境换发展的错误理念[②]。综上所述，绿水青山的实质是人们赖以生存的生活环境，在和经济发展发生矛盾时，要科学妥善处理二者的关系，实现短期经济发展和长期生态环境的协调统一。立足当下，放眼未来，我们必须将“抓眼下”与谋布局、“抓当前”与谋未来有机统一起来，脚踏实地，锐意进取，让一个个“不可能”变成可能、让一道道“无解题”得到破解，推动我国高质量发展迈出坚实步伐，体现了丰富的辩证法思想。

（三）坚持国内大循环为主体与国际国内双循环辩证统一

习近平总书记强调，作为党员领导干部，应当胸怀两个大局，即世界百年未有之大变局和中华民族伟大复兴的战略全局。只有这样，才能放眼世界，立足根本，确保各项工作的有序开展。党的十九届五中全会指出，我们要加快构建以国内大循环为主体、国内国际双循环相互促进的新发展格局。提出确立国内大循环的主体地位，同时强调与国际循环的相互协同，国内大循环的成熟和发展使得我国就够很好地应对外部环境的改变，确保各种条件下，

① 习近平：《之江新语》，浙江人民出版社 2007 年版，第 153 页。
② 习近平：《习近平谈治国理政》第 1 卷，外文出版社 2018 年版，第 209 页。

我国社会经济能够保证稳定并且持续发展，争取国际地位稳步提升。新冠疫情持续蔓延的国际环境下，2021 年的我国的经济总量和发展增速已经充分说明了新发展格局的确立，对我国经济发展起到极其重要的作用。立足国内大循环、畅通国内国际双循环是我国主动应对世界变革与全新挑战的重要措施，这不但是供给侧结构性改革的进一步深化，同时更是对中国现有发展格局的整合优化提升，充分彰显了我们党对辩证思维的科学运用，又一次创造了新的成功实践。

（四）坚持发展和安全相统一

习近平总书记指出，统筹发展和安全，增强忧患意识，做到居安思危，是我们党治国理政的一个重大原则。统筹发展和安全是对我们党推进社会主义现代化建设经验的深刻总结，是对发展和安全辩证统一关系的深刻认识和把握，是着眼于在不稳定不确定发展环境中更好推进中华民族伟大复兴的战略部署，具有马克思主义中国化进程中的重要的理论创新和方法论创新。我国发展站在新的历史起点上，高质量发展成为经济社会发展的主题。没有经济社会发展，就不可能实现国家长治久安、人民安居乐业。解放和发展生产力是社会主义的本质要求和根本任务，发展是我们党执政兴国的第一要务，是解决中国一切问题的基础和关键。发展是在一定的内外部环境中实现的，经济发展、社会稳定都需要安全环境的保障。没有安全保障的发展，是没有确定性、没有可持续性的发展。发展和安全是一体之两翼、驱动之双轮，发展是安全的基础和目的，安全是发展的条件和保障。以发展促安全、以安全保发展，是辩证思维在治国理政中的突出体现。进入新时代，发展和安全的关系更为紧密。习近平总书记提出新发展理念，深刻揭示了实现更高质量、更有效率、更加公平、更可持续、更为安全的发展之路，用高质量发展保障高水平安全；提出总体国家安全观，既解决好大国发展进程中面临的共性问题，又处理好中华民族伟大复兴关键阶段面临的特殊问题，用高水平安全确保高质量发展。统筹发展和安全，要把安全发展贯穿国家发展各领域和全过程。

【延伸阅读】

邓小平“一国两制”构想中的辩证法

为了和平解决台湾、香港和澳门问题，邓小平提出的“一个国家、两种制度”的伟大构想，受到国内外的广泛好评，在统一祖国的进程中取得了巨大成功。它是邓小平坚持一切从实际出发、实事求是的科学态度，为和平统一祖国提供的最佳选择，为和平解决历史遗留问题和国际争端提供的崭新思路。“一国两制”伟大构想既具有坚定的原则性，又具有高度的灵活性，体现了邓小平杰出的政治智慧、长远的战略眼光和完美的政策艺术，闪耀着辩证法的光辉。第一，“一国”与“两制”：既反映民族根本利益、人民共同愿望，又照顾历史实际和现实可能。第二，局部与主体：既允许小地区小范围实行资本主义，又必须坚持国家主体的社会主义。第三，感情与原则：既在民族感情上宽宏大度、包容共存，又在原则主权上坚定不移、毫不含糊。第四，时间与空间：大家在共同发展中为中华民族作贡献，让事实证明社会主义制度的优越性。第五，“不管”与“要管”：“不管”并不是什么都“不管”，在“不管”中还是要“管”。第六，和平与武力：力求用和平方式解决台湾问题，不承诺放弃使用非和平方式。

——选自冯永川《邓小平“一国两制”构想中的辩证法》《党史文苑》，2008 年 3 月。

第三节　党员干部提高辩证思维能力的基本要求

进入新时代，我国实现了社会经济的快速发展，在迎来发展机遇的同时也面临着严峻的考验。广大党员领导干部要不断提高辩证思维能力，以辩证唯物主义武装头脑，理论联系实际，科学统筹、勇于面对、迎难而上、学以致用，实现理论至动力的不断转化，发挥历史主动精神，坚持和发展中国特色社会主义，实现第二个百年奋斗目标。广大党员干部提升辩证思维能力的具体方法如下：

一、继承优秀传统，提高思想站位

中国共产党十分注重辩证思维的学习和运用。20 世纪 50 年代，毛泽东多次称赞邓小平照辩证法办事，充分体现了对辩证思维的重视。回顾波澜壮阔的百年奋斗历程，无论是革命时期、建设时期还是改革时期取得的每一次重大胜利都离不开辩证思维的运用。党的十八大以来，习近平总书记在总结中国共产党取得的经验教训的基础上，又坚持守正创新有了新的思考，开辟了马克思主义中国化时代化的新境界。

（一）一脉相承，坚持辩证思维

辩证思维的习惯和特征贯穿于我国优秀传统文化的深远历史中。中华民族文化的独特性和优越性，不仅体现于显性的世界观和价值观，而且根植于隐性的思维模式中。在人类文明的进程中，中华文明之所以延续得如此绵长，在很大程度上得益于中国人思考问题的方式和解决问题的路径，得益于我们这个民族独特的方法论和辩证法原则。

坚持辩证思维也是我们党的优良传统。自毛泽东指出的高级指挥员照顾全局，至邓小平树立世界眼光的要求，再到习近平总书记高度重视和倡导学习辩证思维。不难发现，中国共产党自始至终都非常重视辩证思维能力的培养与运用。以土地革命时期为例，少数领导人缺乏辩证思维的理念，对全局的把控能力不足。毛泽东强调，在看待问题的过程中，如果过度地局限于局部，缺乏全局视角，不能将现阶段与未来的利益进行充分结合，就很容易因小失大。尤其是在抗美援朝战争上，毛泽东使用“打得一拳出，免得百拳来”加以说明。由此可知，只有采用科学的战略，才能够确保对全局的有效把控。无论是对于军事、政治，还是对于经济领域而言，辩证思维能力都是极为关键的。对事物发展的全局性和系统性的认识偏差必将导致全局的失败。不仅如此，在各个不同的历史阶段，基于矛盾为中心的辩证分析方法都发挥着至关重要的作用，能够很好地实现不同方面关系的协调处置，因此，传承中国共产党一以贯之地重视辩证思维的优良传统，是提升辩证思维的有效方法。

（二）以史为鉴，吸取经验教训

浩瀚而宝贵的历史既是人类总结昨天的记录，又是人类把握今天、创造明天的向导，新时代党员干部要把历史作为最好的一所学校，从中吸取最好的营养，着力提高文化素质和领导能力，推动中华民族伟大复兴的中国梦早日实现。通过学习和总结历史文化，党员干部可以学习借鉴如何驾驭复杂局面的方法，将被历史证明了的科学可行的理念运用于领导工作的全过程，避免工作的主观性、随意性和盲目性，不断提高领导工作的科学水平，确定合适的工作方法和思维，找准出发点和着力点，开创新时代工作新局面。无论是在革命战争阶段还在和平建设阶段皆是如此。

中国共产党历来都强调辩证思维能力的培养与应用。如果无法有效地处置各类复杂的关系，那么就极易步入极端。绝对化的极端现象都是出现过的，“左”倾、“右倾”带来的后果都是非常严重的。从本质上看，“左”倾、“右倾”均具有片面性，两者在互相对立的同时更是互相联系的。在人们明确不赞同其中一种倾向的情况下，通常很容易造成另一种倾向片面和偏颇。在我们坚决对后一种倾向反对时，前一种倾向又会有所增长。综上所述，在实际情况下我们需要统筹两种倾向的斗争，在反对“左”倾的同时又要反对“右倾”。[①]回顾历史，中国共产党在领导广大人民开展革命斗争与社会主义现代化建设的过程中，紧紧围绕国家、社会的现实情况，用全面系统的观点和思路实现了一系列重大问题的妥善处置。当我国处于新民主主义阶段时，针对敌强我弱的现状，党中央创造性的采用了游击战的方式方法，将中国革命推向了高潮。1978 年，我国实施改革开放政策，社会主要矛盾发生了转变，对此党中央及时地进行了战略思想的调整，采用“发展才是硬道理，“两手抓，两手都要硬”的全新理念，极大地推进了改革开放稳步向前。党的十八大之后，我国的社会主要矛盾进一步转化，党中央提出了供给侧结构性改革的要求，强调要坚持新发展理念，努力实现高质量的发展。

---

① 毛泽东：《毛泽东文集》第 6 卷，人民出版社 1999 年版，第 403 页。

（三）提高站位，奋斗民族复兴

中国特色社会主义进入新时代，意味着中国的社会发展步入了全新的历史时期，前所未有地接近中华民族伟大复兴的历史目标。在迎来发展机遇的同时也面临着巨大的挑战，面对国内国际的复杂局面，党带领全国各族人民不断艰苦奋斗取得了卓越成就。当然，在我们党的百年历程中，辩证思维可谓是无时不在，无时不发挥着重要作用。习近平总书记多次强调辩证思维的重要性，并逐步将其提升至我党光荣传统的层面。用马克思主义基本原理指导对我国发展问题的分析与解决，是中国共产党悠久的历史传统。

对我党走过的百年历史进行梳理不难发现，自诞生开始中国共产党就坚持辩证思维的理念，并很好地将其融入革命斗争与国家建设中，因此在波澜壮阔的党史中汲取辩证思维的经验和智慧，提升认识，掌握本领是掌握学习和运用辩证法的必要手段。提高站位要求广大党员领导干部必须旗帜鲜明讲政治。讲政治既是马克思主义政党的鲜明特征，也是我们党一以贯之的政治优势。使命在肩，每个党员干部都要自觉把政治的弦绷紧，坚定不移做“两个确立”的忠诚拥护者、“两个维护”的忠实践行者，始终高擎共产党人的精神旗帜，保持“咬定青山不放松”的定力、“行百里者半九十”的清醒，在展望伟大复兴前景中接续奋斗、勇往直前，从讲政治的高度狠抓落实、强力推动，确保各项事业始终沿着正确方向坚定前行。

二、读好原著原文，把握精神实质

习近平总书记多次强调，作为我们党的各级党员领导干部尤其是高级干部，需要对经典著作认真学习与准确把握，尤其是马克思主义哲学著作，深刻汲取其中蕴含的哲理。[①] 做好马克思主义理论的阅读与吸收能够很好地起到提升理论素养的作用。众所周知，唯物辩证法是科学的世界观与方法论，深刻地揭示了自然世界和人类社会历史发展规律。只有通过不断阅读经典著作，才能原汁原味地，科学准确地把握马克思主义唯物辩证法的核心，并逐步与

① 习近平:《推动全党学习和掌握历史唯物主义更好认识规律更加能动地推进工作》,《人民日报》，2013 年 12 月 5 日。

自身的理论体系进行融合，从而实现不断提高辩证思维能力的目的。

（一）坚持学原文，读原著，悟原理，奠定辩证思维的理论基础

真正学懂弄通一个思想理论，就必须读原著原文，咀嚼原汁原味，领悟原义原理。恩格斯说过，一个人如果想研究科学问题，首先要学会按照作者写作的原样去阅读自己要加以利用的著作，并且不要读出原著中没有的东西。要掌握马克思主义理论，就要读马克思主义经典著作，如马克思的《资本论》、恩格斯的《路德维希·费尔巴哈和德国古典哲学的终结》、列宁的《国家与革命》、毛泽东的《实践论》《矛盾论》等。原著原文是最权威的，只有学深学透才能全面准确把握其真谛真义、思想精华。早在 1959 年，毛泽东组织工作人员学习《政治经济学教科书》时，就针对马列主义理论的学习提出："对于马克思、列宁的著作，我们必须要学习并遵循其中蕴含的基本原理。另外，要在其基础上创作出全新的理论，撰写全新的著作，以此更好地服务国家、服务社会。"①

值得注意的是，学习并非是简单的背书或者照本宣科地教条，对于各级党员干部而言，应当充分钻研、总结，以此不断提升自身的辩证思维能力。在 2010 年春季中央党校开学典礼上，习近平同志明确指出，我们党的领导干部要重视马克思主义理论的学习、掌握、运用，要紧紧把握其核心观点，以此进行矛盾的全面系统分析，实现对立、统一的协调，消除片面化、极端化，逐步提高自身的综合素养。②就目前而言，学懂弄通做实习近平新时代中国特色社会主义思想，提升自身的辩证思维能力，首先就要在研读习近平总书记的著作上下功夫。

（二）秉承"线上"和"线下"同步的理念，进一步提升辩证思维能力

在学习的过程中采用线上、线下相互结合的模式，实现学习、认知、行动的不断进步。就学习模式而言，应当遵循现阶段的发展需求，不断畅通途

---

① 毛泽东：《毛泽东文集》第 8 卷，人民出版社 1999 年版，第 105 页。

② 中共中央党校哲学教研部：《习近平关于读经典学哲学用哲学论述摘编》，中共中央党校出版社 2015 年版，第 1 页。

径、渠道，尽可能多地汲取各类知识。“线下”主要分为阅读经典著作、参加培训等方式，其核心在于强调通过阅读原文、原本，领悟其中蕴含的真理，从而实现真学、真懂。在进行学习时，要加强马列主义和马克思主义中国化时代化最新理论成果的学习，重视党的政策、方针，突出阅读原著，实现对理论体系的不断完善。

此外，还应当关注理论知识的运用，确保具体的情况和问题得都得到妥善处置。“线上”是在信息时代出现的，属于全新的学习模式，其出现消除了空间、时间壁垒，有助于不同的学习者进行信息的全面共享，进一步降低了学习的难度。就学习而言，必须秉承“线上”和“线下”同步的理念，在确保“原汁原味”学的基础上，还应当重视是否遵循了系统性与全面性，避免学习的片面性、极端性。另外，要强化对网络平台的使用，确保学习的广度，尽量降低学习的难度，通过多层次、多途径的汲取知识，不断地提高知识的总量。应当准确把握理论和实践的关系，实现“线下”和“线上”两种不同学习模式的有机结合。

（三）坚持理论联系实际，全方位提升辩证思维能力

始终把握理论与实践的密切关系，理论起源于实践同时又影响实践，反过来实践具有验证理论的作用。要进一步强化理论与实践的联系，紧紧围绕解决问题这一核心要点进行学习，坚决杜绝脱离实际的情况出现。马克思主义理论体系并非封闭的，而是开放的。从马克思主义的发展历程看，很好地融合了人类文明史，这就要求我们在提升辩证思维能力的过程中，要注重知识广度、深度的积累。毛泽东同志多次强调，在工作繁忙时要挤时间看书，看不懂的时候要钻研，通过这两种方式就能够取得很好的学习效果。恰恰是由于在精力以及时间上的不断付出，毛泽东在很多不同的领域取得了突出的成就，例如文学、书法、政治、军事等。对于广大党员干部而言，干事创业要具有系统性、综合性，这就对知识体系的构建和学习的方式方法提出了较高的要求。

另外，学习若仅关注理论方面，很容易造成片面化，甚至产生“纸上谈兵”，导致理论的功能得不到有效的体现。相反，若轻视理论，过度地强调实

践，将导致耗费大量的时间用于验证，事倍功半。通过理论和实践的有机融合，才能科学地分析和解决现实问题。同时也要注意的是，在马克思主义的学习过程中，要防止教条化的出现，也要避免犯经验主义的错误，应当重视马克思主义基本原理同我国革命斗争、经济建设等不同社会时期的具体需要充分融合，也要和中华优秀传统文化高度结合。百年历史充分说明，马克思主义行的根本原因就在于共产党人一以贯之地坚持马克思主义中国化时代化，注意理论和实践的辩证统一，坚决摒弃经验主义、本本主义，实现了理论创新，指导了中国革命，建设和改革实践。

三、善用科学方法，提高工作能力

人的思维能力既非天生的，同样也非自然形成的。对于各级领导干部而言，科学的思维能力的训练和培养是非常重要的，运用科学的方式方法尤为重要。可以说，党员干部理论学习能力和学习方法的高低，在很大程度上影响了其辩证思维能力的发挥。理论学习往往比较晦涩，比较枯燥，那么合适的学习方法就十分关键，甚至也深刻地影响着个人的辩证思维能力提升的程度。

（一）坚持三个“统一”的辩证思维

辩证思维是一种全面系统看问题的思维方式，含有很有多种相互独立同时又相互联系的具体思维方法，其中最具有代表性的是综合与分析、具体与抽象、演绎和归纳等。落实党的群众路线，从群众中来强调的是通过实践的方式实现正确意见的收集汇总，到群众中去指的就是收集汇总。就我们的思维过程而言，演绎与归纳二者具有相互促进、相互影响的重要特点。从本质上看，群众路线的践行就是辩证思维的淬炼。

在科学处置“点”与“面”的关系的过程中，应当科学地运用抽象与具体相互统一的思维方法。习近平总书记指出，在进行调查研究时要注意点与面的结合。将抽象与具体进行相互结合，充分体现了唯物辩证的思维模式，在处置两者关系的过程中发挥着至关重要的作用。由具体至抽象，指的是由感性的具体至理性的抽象的逐步转变，即由个性的“点”转变为共性的“面”。

同时也要科学地使用综合与分析的思维方式，妥善处置“求是”与“求实”的关系。由表象至本质，由偶然至必然，由“求实”至“求是”，要求我们充分认知、理解归纳，并在此基础上形成科学的判断。历史与逻辑、综合与分析的相互融合，是矛盾分析在思维领域中的代表性运用。

（二）坚持笃行、笃学、笃信高度一致的辩证思维

应当学而信，进而了解全面系统地掌握马克思主义方法论的重要性。应当学而行，学以致用。“学而信，信而行”，要做到“学信行”相结合，应当牢牢把握马克思主义理论。习近平总书记在庆祝中国共产党成立 100 周年大会上的重要讲话中，明确提出“把马克思主义基本原理同中国具体实际相结合、同中华优秀传统文化相结合”的重要观点。这就要求要加强理论在实践中的运用，同时要关注普遍性和特殊性二者的关系，在充分考虑实际情况的基础上不断地进行马克思主义中国化与时俱进地理论创新，加快马克思主义中国化的进程，真正做到为我国高质量发展所用。

要充分认识到理论知识对实践的促进作用，以此反过来巩固对理论体系的理解与认知，特别是马列主义，通过进一步的学习，切实把握其内在要求。要秉承“笃学”“笃信”“笃行”高度一致的基本理念。通过这种方式，不但能够强化学习的动力，借助于学习汲取知识、锤炼品质、提高综合素养。另外，还能够很好地将学习成果转变为科学的人生观、价值观，强化使命担当、责任担当。反过来，“以行求知”，在行动中也可以逐步提高主动学习的意愿和动力。所以，广大党员领导干部要积极锤炼笃学、笃信、笃行相统一的辩证思维。

（三）坚持“学”与“思”相结合的辩证思维

学和思的关系问题，早在 2000 多年前，孔子就提出了自己的见解：在学习过程中，学和思不能偏废，学而不思则会迷茫，思而不学则会疑惑，因此主张学与思相结合的方式，只有将学和思相结合，才可以让自己成为既有思想，又有学识的人。同样，对于各级党员领导干部而言，学习是无止境的，要形成活到老学到老的正确价值观念，要善于学习、主动思考。在学习的过程中，不仅要学，更要思考。针对特定的问题，不同的学派、学者的见解不

尽相同，若过度地强调了学习，忽视了思考，缺乏比较分析，仅被动地接受学习的知识，很容易造成自身认知层面的错乱。

如果仅是空思考，忽略读书也是不可取的。这就类似于闭门造车，脱离时代的发展，不掌握国情世情，无法从别人的研究成果中汲取营养，造成自身沉迷于空想，不利于问题的处置。在我们学习期间，必须要遵循“学”与“思”的辩证思维理念。通过这种方式，能够很好地形成勤学的良好氛围，确保自身的知识体系不断更新，与社会的发展高度统一。因此，广大党员领导干部要秉承以问题为导向的原则，思考与学习同步开展，才能够很好地提高学习的实用性、全面性。不仅如此，还能够将知识转变为业务素养、知识水平，切实提高个人完善自我、推动工作，促进发展的能力。

四、立足工作实际，真正学以致用

实事求是是我们共产党人的思想方法，工作方法和领导方法。将客观实际作为出发点，强化辩证思维的锻炼，实现客观、主观的高度一致，对工作过程中的变化点进行准确把控，确保主观世界与客观实际的统一，探索事物发展规律，制订科学的工作方案，也是提升辩证思维能力的必然要求。中国特色社会主义事业越是向纵深发展，越要继续立足工作实际，一切从实际出发。

（一）坚持问题导向，强调问题的分析与处置

坚持问题导向，实质上是一个及时发现问题、科学分析问题、着力解决问题的过程，这正是马克思主义最优良的方法论传统和最鲜明的方法论特征。坚持问题导向，首先要学会发现问题。马克思曾深刻指出，问题就是时代的口号，是它表现自己精神状态的最实际的呼声。问题其实就是矛盾，而矛盾无时无处不在。哪里存在矛盾，哪里就有问题。发现了问题就等于抓住了事物的矛盾。正如马克思所说：“一个问题，只有当它被提出来时，意味着解决问题的条件已经具备了。”广大党员干部在淬炼辩证思维能力的过程中，应当特别强调问题意识。

具体来说，在学习与掌握辩证思维的过程中紧紧围绕和聚焦重大现实问

题的分析与解决。2008 年，在中央党校开学典礼上，习近平同志指出，我们应当以重大现实问题的剖析与处置为核心，加强学习，学以致用，逐步提升工作的创造性、原则性、预见性。[①] 由此可见，无论是现实问题的科学处置，还是个人辩证思维能力的提升都需要牢牢把握以问题为导向的大原则，只有这才有助于我们全面投入社会发展。事物矛盾的具体表示就是可能和已经出现的各种问题，我们应当坚持问题导向，聚焦人民群众的痛点、难点、堵点，不断解决问题，创造工作的新局面。

（二）践行群众路线，始终坚持同人民群众的血肉联系

群众路线是我们党的生命线和根本工作路线，体现着马克思主义的唯物史观。人民群众是历史的主体，是历史的创造者和社会发展的决定力量。坚持群众观点、走群众路线，是中国共产党的优良传统。新时代党员干部要牢记全心全意为人民服务的根本宗旨，坚持一切为了群众，一切依靠群众，从群众中来，到群众中去，要在积极践行群众路线中不断提升辩证思维能力。要保持党同人民群众的血肉联系，继续教育引导广大党员干部自觉践行党的根本宗旨，把群众观点、群众路线深深植根于思想中、具体落实到行动上，着力解决群众最关心最现实的利益问题，不断增强人民群众对党的信任和信心，筑牢党长期执政最可靠的阶级基础和群众根基，使群众路线的新局面得以巩固和拓展。

对广大党员干部而言，要不断加强与人民群众的密切联系，在群众工作中思考和突破，不断提高自身的辩证思维能力。借助于辩证思维对问题进行研究分析，其最终的目标也是更好地全心全意为人民服务。新时代党员干部要将满足人民群众对美好生活的需要作为一切工作的出发点和落脚点，坚持以人民为中心的发展思想，科学地运用辩证思维，有效地消除各类复杂矛盾，实现社会的稳定发展。

（三）坚持实事求是，始终做到学在深处、谋在新处、干在实处

要想走在前列，就必须以干在实处为基础，而学用结合、知行合一则能

---

① 中共中央党校哲学教研部：《习近平关于读经典学哲学用哲学论述摘编》，中共中央党校出版社 2015 年版，第 23 页。

够很好地起到促进作用。要想走在前列，保持自身的先进，就要强调学习在先、调查在先、研究在先。要突出理论联系实际，通过实践对理论进行验证，从而获取经验的累积，不断提升自身的综合素养。另外，要注重学用结合，从工作岗位出发，不断加强辩证思维的锻炼，敏锐地发现工作过程中存在的不足，及时对暴露出的问题进行查摆分析，科学地把握客观规律。

切实提升问题的处置能力，要具有居安思危的意识。在我国社会经济发展的过程中，在迎来发展机遇的同时，必然面临相应的挑战，可以说机遇和挑战复杂交织。作为世界上最大的发展中国家，中国的人口总量巨大，通过短短几十年的快速发展，中国完成了西方发达国家几百年的发展历程。与之相伴随的，必然是面临的风险挑战是前所未有的。要想取得最终的胜利，就必须强化各类风险的防控，而风险辩证法的学习掌握和时间运用就显得十分必要。面对当前风险类型多变、成因复杂的局势，风险的防控面临严峻的挑战。也就必须要求我们积极地采取多种不同的方式实现风险的认识、预测、控制、化解，这就要求全面、系统地掌握统筹辩证法。我们应当注重“两点论”、重点论的学习与运用，在分析问题、处置问题的过程中首先应区分矛盾的主次，在全面统筹的同时，还应当注重中心任务和核心问题的梳理。

【延伸阅读】

“两点论”把握社会发展规律

仔细研读《之江新语》，可以发现辩证唯物主义是贯穿其中的一条主线，也是习近平理论创新的一大特色。这些看似“三言两语”，折射的都是大智慧、大胸怀、大格局。

习近平善于用辩证唯物主义看待问题、解决问题，经常通过相对应的一组事物来阐述自己的执政思想。他经常教育浙江各级干部，想问题、做决策、办事情，要坚持唯物论，使用辩证法，要讲“两点论”，找平衡点，不能顾此失彼，不能绝对化。

“两点论”的辩证法，在《之江新语》中出现多处：《从“两只手”看深化改革》，说的是政府、市场“两只手”的关系；《从“两种人”看“三农”问题》，论述了如何在推进城乡统筹发展中，处理好居民、农民这“两种人”的关系；《两条腿走路好》，辩证阐明了内资、外资如何互相补充、互相促进；《要“平安”，不要“平庸”》，通过两个“平”字的不同内涵，指出发展与稳定的辩证关系；《大事讲原则，小事讲风格》，分别论述“两种事”，讲的是“团结艺术”；《“潜绩”与“显绩”》，通过两种“绩”阐述正确的干部政绩观；《不要引导领导干部当“满票干部”》一文，则指出了唯票、满票这两张“票”的错误倾向，提醒要科学地选人用人；《虚功一定要实做》，运用虚功、实功两种“功”，传授了自己的工作心得；《要“干事”更要“干净”》，巧妙地通过两个“干”字，将作风建设的重要性娓娓道来……

2004 年 7 月 15 日，在全省深入学习贯彻两个《条例》、推进党风廉政建设电视电话会议上，谈到领导干部廉洁自律问题时，习近平脱稿给干部算了“三笔账”——利益账、法纪账、良心账。他语重心长地告诫：各级领导干部要仔细算好利益账、法纪账、良心账这“三笔账”。现在领导干部都有一份稳定的收入，组织上还给了许多必要的工作待遇和生活待遇，退休后还可以享受医疗、养老等保障。细细算起来，得到的已经是很多了，应该十分知足、十分珍惜。在这种情况下，如果经不起诱惑，违背原则，以权谋私，到头来锒铛入狱，前程尽毁，声名扫地，实在得不偿失。这账算得实在，又触及人的灵魂。十八大后，习近平总书记提出以“严以修身、严以用权、严以律己；谋事要实、创业要实、做人要实”为主要内容的“三严三实”，正是对这“三笔账”的升华和创新。

——选自《浙江日报》2017 年 10 月 09 日

第四课

提高系统思维能力 统筹经济社会发展

经典语录

要增强系统思维，统筹各地改革发展、各项区际政策、各领域建设、各种资源要素，使沿江各省市协同作用更明显，促进长江经济带实现上中下游协同发展、东中西部互动合作，把长江经济带建设成为我国生态文明建设的先行示范带、创新驱动带、协调发展带。

——2016年1月5日，习近平总书记在重庆召开推动长江经济带发展座谈会时的讲话马克思认为“只有坚持系统的、连续的、成体系的科学剖析，才能准确地预测未来”。恩格斯在《反杜林论》中强调，关于自然界所有过程都处于一种系统联系中的认识，推动科学到处从个别部分和整体上去证明这种系统联系。改革开放总设计师邓小平在《改革的步子要加快》一文中谈到，改革是全面的改革，包括经济体制改革、政治体制改革和相应的其他各个领域的改革。党的十八大以来，习近平总书记更是多次强调系统思维的重要性，明确要求党员干部要运用系统思维来解决问题，统筹协调推进各项工作。在党的十九届五中全会相关重要文件中，习近平总书记首次提出“系统观念是具有基础性的思想和工作方法”，凸显了坚持系统观念的极端重要性，同时要求“坚持系统观念，加强前瞻性思考、全局性谋划、战略性布局、整体性推进”，指出了坚持系统观念的实践要求；党的二十大报告再次强调“坚持系统观念”，不断提高“系统思维”能力，“为前瞻性思考、全局性谋划、整体性推进党和国家各项事业提供科学思想方法”，这就为党员干部坚持系统思维提供了根本遵循和行动指南。

第一节　深刻领会系统思维的科学内涵与重大意义

系统观念作为一种关联性认识方法、结构性思维范式和跨学科方法论，因为其解决复杂性问题的有效性而被广泛应用。与传统还原论思维相比，有助于融入主体、组织和环境的视角来认识问题，会给党员干部的认识和行为带来革命性变革。

一、系统思维的科学内涵

20 世纪上半叶，伴随着一般系统论、信息论、控制论、耗散结构理论、协同学、突变论、超循环理论、混沌理论、分形理论、孤立子理论、复杂适应系统等系统科学的蓬勃兴起，人们对于复杂系统的认识和把握从模糊阶段进入精确阶段，系统思维作为现代科学技术领域和哲学领域的新亮点，也迅速发展成为各学科普遍通用的方法论。20 世纪 90 年代末，围绕着计算机和互联网的复杂网络研究兴起，小世界现象和无标度特征的发现更是将复杂系统研究推向新的高潮。物理学家史蒂芬·霍金预言："21 世纪将是复杂性的世纪。"相应地，强调认识复杂性的系统思维，由于其认识结论更接近于真实的世界图景，使之在科学技术、社会、经济、资源、环境、军事、生物等领域得到了广泛有效的应用，逐渐演变为一种跨学科的方法论，被誉为"解决当代复杂问题的钥匙"。

软系统学家切克兰德认为"系统思维乃是有意识地运用了'系统'一词中所把握的这种特殊的整体性概念以整理我们的思想"。什么是系统？如图 1 所示，这是一个简化的系统：该系统由诸多要素组成，系统内部各要素之间的关系有直接或间接、紧密或疏松之分；最外面的圈线代表的是系统的边界，系统的边界可分为硬边界和软边界；系统内可能存在子系统，子系统与小系统之间的关联相对脆弱；圈外属于系统的环境范畴，系统与环境之间存在着物质 、能量和信息的输出与输入。由此，系统哲学家 E·拉兹洛指出"要构成拥有它们自己的性质和关系集成的集合体，按照同整体联系在一起的事实和事件来思考。用这种集成的关系集合体来看世界就形成了系统观点"。

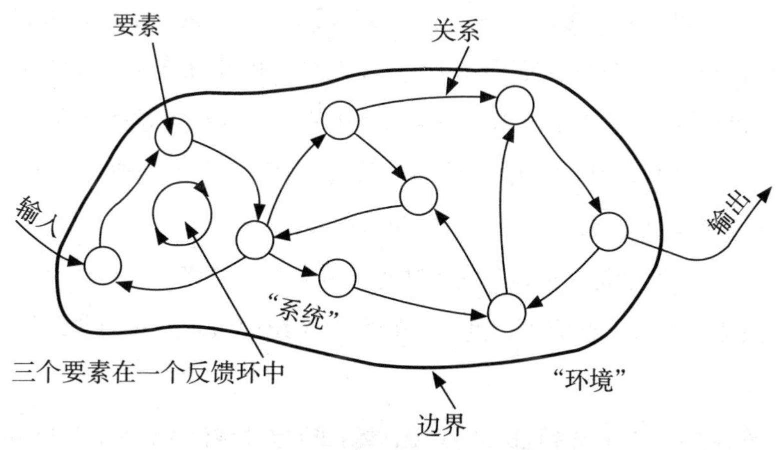

图 1 "系统"的一般概念

（一）系统思维是一种关联性认识方法，强调“关系才是我们认识的关键”，注重对系统内部要素与要素之间的关系和系统与环境之间关系进行研究。系统思维为我们提供了一种独特的关系论视界。[①] 一般系统论的提出者贝塔朗菲认为“系统的定义可以确定为处于一定相互关系中并与环境发生关系的各组成部分的总体或集合”，由于真正的现实就是“彻底的患难与共”，“风险叠加”和“蝴蝶效应”就是这些关系扩展和增强的效果，这就决定了我们必须以一种关联性思维进行分析和考察。同时，系统论的创始人路德维希·冯·贝塔朗菲曾经明确指出，有机体必须与其环境进行相互作用，以维持自身存在。它们从周围环境获得输入，对输入进行转换，然后再以某种产出的形式反作用于环境，以对各种变化做出反应。所以，系统思维注重联系环境和背景来把握认识对象，要求认识的“环境化”“背景化”。

（二）系统思维是一种结构性思维范式，更加关注“涌现”“集聚与合作行为”等复杂性现象，注重通过综观全体、结构分析、整体与碎片联合思考等方式来实现系统整体功能的优化。系统要素之间的内部联结方式就是系统的结构，系统的结构决定系统的性质和功能。系统内部结构的合理与否，决定了能否实现系统整体功能的优化。正是由于结构的存在，使得系统的整体呈现出各个组成要素所没有的新特征，复杂现象大于因果链的孤立属性的简单综合。系统哲学家詹奇还认为，系统的结构主要是与动力学相联系的空间—时间结构的概念，并在系统组织以及系统与环境的相互作用过程中表现出一种自组织的协同原理。[②] 系统思维注重对去中心化、分布式等复杂结构的研究，强调“高层级行为对较低层次行为”的“层级包容性”，并最终通过优化人、财、物等要素的组合方式来实现系统整体功能最大化。

（三）系统思维是一种跨学科方法论，强调运用“多元思维模型”对于系统动态演化过程进行研究，以此来解释复杂系统中微观元素的非线性作用造

---

① 彭新武：《论复杂系统探究方式》，载于北京大学现代科学与哲学研究中心编写的《复杂性新探》，人民出版社 2007 年版，第 262 页。

② 彭新武：《论复杂系统探究方式》，载于北京大学现代科学与哲学研究中心编写的《复杂性新探》，人民出版社 2007 年版，第 266 页。

成的某些宏观现象。任何系统都有产生、发展、消亡的历史过程，此相适应，系统思维提倡一种动态思维方式——过程思维，要求我们谋划和解决问题必须“有远有近”“有急有缓”，充分考虑到“时间的绵延性”。同时，系统思维关注认识的主体化、偶然性、时间的不可逆性、非线性因果论等，强调借助系统动力学软件建模与仿真技术，在行为或对策实施之前提前预见系统可能的变化或结果，从而使人们“看见未来”，实现“预见性学习”。

“社会具有高度的复杂性是任何人都不会否定的事实。”[①] 钱学森曾经指出：“凡现在不能用还原论方法处理的或不宜用还原论方法处理的问题，而要用或宜用新的科学方法处理的问题，都是复杂性问题。”[②] 米歇尔·沃尔德罗普在《复杂：诞生于秩序与混沌边缘的科学》一书中则写道：“复杂性科学的革命，从某种意义上说，这场革命是针对还原论而来的……”[③] 事实上，在面对复杂性问题时，系统思维实现了对还原论方法的三重超越：通过整体指导下的还原与还原基础上的综合相结合，实现了对其认知场域的超越；通过机理分析与功能模拟相结合，实现了对其思维方式的超越；通过系统认知与系统调控的结合，实现了对其认知方法的超越。所以，对于复杂性问题的解决来说，系统思维无疑是具有基础性的思想和工作方法。

二、坚持系统思维的重大意义

以还原论为代表的传统思维方式倾向于用简化、静止、孤立的视角去研究事物，其认知模式、概念系统和描述语言作为认识过程必不可少的第一步，固然简单易行、一目了然，甚至可以起到提纲挈领的作用。但是，传统思维方式存在着诸多弊端，在各个领域也已经遭到了挑战，如果我们一味固守还原论来认识问题，必然会歪曲真相、误入歧途。相比较而言，系统思维有助于党员干部融入主体的视角、组织的视角、环境的视角来认识问题，适应了

---

① 谢立中：《社会的复杂性：社会学家的视野》，载于北京大学现代科学与哲学研究中心编写的《复杂性新探》，人民出版社 2007 年版，第 658 页。

② 钱学森：《创建系统学》新世纪版，上海交通大学出版社 2007 年版，第 108 页。

③ ［美］米歇尔·沃尔德罗：《诞生于秩序与混沌边缘的科学》，生活·读书·新知三联书店 1997 年版，第 462 页。

我们面临情况的纷繁复杂、变动不居性，客观上会增强认识的全面性、科学性和有效性。

（一）有助于融入主体的视角来认识问题

传统思维只重视认识的客观性，认为认识主体与认识客体是绝对分离的，强调为了保证认知的客观性必须消除认识过程中一切与主体相关的问题，将研究对象脱离于认识它的主体进行研究。但是，认识对象与认识者之间存在着相互关联性，在某种程度上来说，认识是认识主体对外界事物的创造性建构，因此，把处于一定社会文化历史环境中的人类主体引入认识范畴不可或缺。事实上，人的认识具有选择性和创造性。人总是根据自己的需要，把一部分事物当成知觉的对象，其他部分当成背景，有选择性地知觉外界事物。同时，任何认识主体都不是一张白纸，总有自己的认知底色，总是戴着“有色眼镜”。所以，人的认识不仅仅是客观事物的“摹本”，并且为改造客观事物提供“蓝图”，这是人类思维与动物思维最本质的区别。此外，人的行为在一定程度上也受认识角度、情感偏好、价值取向等非理性因素的支配。所以，系统思维在承认认识客观性的同时，也注意认识的主体性，强调研究人的意志、情感、非理性因素在认识活动中的作用。

（二）有利于融入组织的视角来认识问题

传统思维往往会把有关组织的问题简化为组织固有的有序性问题，比如规律性、不变性、稳定性等，并将此类有序性作为绝对的认识论原则，偶然性、随机性则被认为是由于人类的无知或认识不深入而产生的表面现象。但是，组织表现出来的特性并不能等同于组织问题本身，我们的认识不仅要重视必然性、普遍性和规律性，也必须注重随机性、偶然性和突变性。系统思维则强调研究组织问题的必要性，并进一步将组织划分为自组织系统和被组织系统。德国协同学家哈肯认为，从组织的进化形式来看，可以把它划分为被组织和自组织。如果一个系统必须依靠外部指令才能形成组织，就是被组织；如果不存在外部指令，系统就能按照相互默契的某种规则，各尽其责而又协调地自主地形成有序结构，就是自组织。比如，如果说包办婚姻是被组织系统，那么自由恋爱就是自组织系统；如果说计划经济是被组织系统，那么市场经济就是被组织系统。由此可见，组织现象是普遍存在的。一般情况下，一个系统的自组织能力越强，系统的适应能力和创新能力越强。因此，中国共产党作为一个政党组织，党的力量来自组织，坚强有力的组织能使党的力量倍增。党员干部应该融入组织视角，按照“有序—无序—相互作用—组织”的认知逻辑来研究、分析和解决实际问题。

（三）有益于融入环境的视角来认识问题

传统思维将认识对象孤立于它的环境进行研究，这种认知策略会切断所研究的对象与其所属环境条件之间的本质联系，最终将把在活生生的环境中才发生的现象和特性变得模糊，而且会歪曲事实真相。但是，个体与环境相互渗透，二者是不可分离的。因此，认识任何事物都要求认识它和它的环境、它的生态环境的相互作用。这也是我们认识历史人物或历史事件必须将其置于当时的历史环境、社会背景中去进行研究的根本原因。与此相适应，系统思维认为，自然物也有自己的价值。比如说，清洁的水、新鲜的空气、无污染的土壤都是有价值的。这就超越了传统思维仅仅将价值局限于人文价值的片面价值观。正如习近平总书记所说，“绿水青山就是金山银山”。现在我们提倡绿色经济、低碳生活、实际上就是要求党员干部重新回归自然价值理念，建立自然价值与人文价值并重的价值理念。同时，系统思维认为，世界是差异协同体，任何事物与它周围的其他事物之间是差异协同关系，协调、和谐、竞争和融合才是事物之间关系发展的主流。因此，系统思维在国际关系、社会建设和生态文明等诸多领域均具有普适性。

综上所述，如果说，以还原论为代表的传统思维是与机械牛顿力学相适应的形而上学，那么，系统思维就是与以量子力学、非线性数学为基础的当代科学相适应的思维方式。既然复杂系统是人类社会的存在方式，党员干部面临的形势、任务、环境和问题又都具有复杂性、多样性、多变性，这在客观上就要求党员干部自觉运用系统思维来从多因素、多层次、多变量等方面分析和解决问题，从整体上、多维度、综合性地来加以谋划和解决，全面考量、科学布局、统筹推进经济社会发展。

【延伸阅读】

都江堰——中国古代的系统实践

在我国古代，人们不仅自发地运用系统概念考察自然现象，而且还用这种观点去改造自然。因此系统概念、系统观的产生是人类生产实践、社会实践的直接产物。

战国时（公元前250）秦国太守李冰父子主持修建的都江堰水利工程就是生动的例证。都江堰是由"鱼嘴"分水工程，"飞沙堰"分洪排沙工程，"宝瓶口"引水工程三项巧妙结合而成，这三个主体工程与120个附属渠堰工程形成相互联结的有机整体，缺一不可。没有"鱼嘴"工程就不可能把大量沙石排入外江；没有"宝瓶口"的束水作用和"宝瓶口"附属部分，离堆的顶托就不会形成回旋流，泥沙就过不了"飞沙堰"；而没有"飞沙堰"，"宝瓶口"就会被沙石阻塞，内江之水就无法流入成都平原。正因为都江堰这个整体发挥了三个孤立部分所发挥不了的作用，所以才能分导汹涌的岷江急流，使它驯服地灌溉14个县500多万亩农田。都江堰的规划、设计、施工的科学水平和创见，用今天系统方法来衡量也毫无逊色。

魏宏森：《系统科学方法论导论》人民出版社1983年7月第1版，第13—14页。

第二节　中国共产党运用系统思维的实践历程

米歇尔·沃尔德罗曾经写道："系统思维对东方哲学来说基本上不是什么新鲜的东西。东方哲学一向把世界看作是一个复杂的整体。"[①] 法国"复杂性思维范式"的倡导者埃德加·莫兰也曾明言，"我感觉我的思想方式与中国传统

① ［美］米歇尔·沃尔德罗：《诞生于秩序与混沌边缘的科学》，生活·读书·新知三联书店1997年版，第468页。

所固有的深刻的思想方式处于共鸣之中”。[①] 纵观中国近现代史，中国共产党在领导中国革命、建设和改革的过程中，始终坚持系统思维是其一以贯之且行之有效的优良传统。

一、十八大之前党运用系统思维的探索实践

中国共产党人历来重视系统思维，在新民主主义革命时期、社会主义革命和建设时期、改革开放和社会主义现代化建设新时期，都不乏运用系统思维发现问题、分析问题和解决问题的成功实践。

（一）新民主主义革命时期

系统思维认为，构成系统的实体性要素是研究系统的基础，这些实体性要素之间的内在关系才是我们把握系统的核心。毛泽东同志的经典论著都是运用系统思维的光辉典范。以《中国社会各阶级的分析》为例，毛泽东同志通过对中国社会各阶级进行分析指出，帝国主义、封建主义、官僚资本主义是革命的对象，产业工人是革命的主力军，农民是天然同盟军，民族资产阶级、小资产阶级是可以团结和争取的力量，明确了中国革命应该团结谁、依靠谁、打击谁，从而为中国革命指明了正确的方向，引领中国革命走向了胜利。

同时，毛泽东还提出了著名的“弹钢琴”方法，强调要着眼全局、分清主次和轻重缓急，同时注意统筹兼顾、互相配合。对此，钱学森曾经强调：“复杂性的问题，现在要特别重视。因为我们讲国家的建设，社会的建设，都是复杂的问题。……实际上，毛泽东思想的核心使用整体上来认识问题，把握住它的要害。我想着也可以说是我们党这么多年来领导中国人民进行革命所积累的经验。……我们这些经验，经过老一辈革命家的总结，集中成为毛泽东思想，这是我们最宝贵的财富。而这样一个哲学思想恰恰正是指导我

① ［法］埃德加·莫兰著，陈一壮译：《复杂思想：自觉的科学》，北京大学出版社 2001 年 7 月版，第 1–2 页。

们研究复杂问题所必需的。”①

（二）社会主义革命和建设时期

新中国成立之初，面对美帝的核讹诈，毛泽东和党中央高瞻远瞩作出了自主研制“两弹一星”的伟大战略决策。1962 年 11 月 3 日，毛泽东在二机部加快研制原子弹的报告上批示：“要大力协同做好这件工作。”参加第一颗原子弹研制工作的多个部委、省市自治区的工厂、科研机构、高等院校以及解放军各军兵种等 40 多万人，分工负责、团结协作，集思广益、群策群力，建立了协调、高效的组织指挥和调度系统，形成了全国一盘棋干事创业的强大合力，大大加速了“两弹一星”的研制进程，无疑是坚持系统思维、集体攻关、团结协作的伟大创举。

按照系统思维的相关性观点，如果要素发生变化，系统整体必然要随之发生变化。20 世纪 60 年代末，中国抓住美国改善对华政策的有利时机，向美国发起了“乒乓外交”，即在 1971 年邀请美国乒乓球队访华。1971 年 4 月 10 日，美国乒乓球代表团和一小批美国新闻记者抵达北京，成为自 1949 年以来第一批获准进入中国大陆的美国人，此举具有“破冰”意义。中美两国乒乓球队的友好往来，推动了中美两国关系正常化进程，被誉为“小球转动大球”，新中国对外工作由此打开了新局面。可见，有时候一个极小的部分或要素的变化也可能会影响全局。所以，党员干部只要善于观察分析系统中相关要素的特点和变化，就可以因势利导并最终把握全局。

（三）改革开放和社会主义现代化建设新时期

耗散结构理论说明，平衡是一种特殊状态，非平衡是常态，非平衡才是有序之源。改革开放总设计师邓小平同志，始终把社会经济领域看作是一个有机整体，强调要“加强我们工作中的原则性、系统性、预见性和创造性”，明确指出在发展过程中要着眼于系统的整体性，充分照应到系统的方方面面，强调不能因为考虑不周、处理不当、顾此失彼而影响改革的全局。邓小平同志站在战略的高度来考虑共同富裕问题，提出的“先富带动后富，最终实现

① 李少军：《毛泽东思想对社会复杂性探索的方法论意义——读论持久战》，人民出版社 2007 年版，第 308–309 页。

共同富裕”思想，契合了系统思维中的“差异协同论、层次转化论和整体优化论”等观点，成功指导我国经济发展走过了“均衡—非均衡—协同发展”的历史进程，逐步解决地区差异、城乡差异、收入分配差异，终将实现全体人民共同富裕。

系统思维坚持，系统整体和环境之间具有相关性，系统变化对环境会产生影响，环境的变化对系统也会产生影响。世纪之交，江泽民同志科学分析中国共产党所处历史方位，明确提出了“两个转变”论，即我们党已经从革命党转变为执政党，已经从计划经济条件下执政转向了在市场经济环境下执政。基于此，进一步提出了著名的“三个代表”重要思想，解决了中国共产党执政的客观性、合法性和合理性问题。“三个代表”重要思想的精神实质就是坚持与时俱进，实际上就是要求我们党的全部理论和工作都要随着时代前进、实践发展、科技进步等环境变化而做出调整、改变和创新，这是我们党能够站在时代前列、始终保持党的先进性的必然要求。

系统思维强调，人类社会是一个复杂巨系统，经济、政治、文化、社会和生态这五大子系统相互耦合、相互作用、具有多层级结构和复杂因果循环反馈回路，必须做好各个子系统之间的组织协调与平衡调控问题。因此，胡锦涛同志强调，科学发展观的基本要求是全面协调可持续发展，根本方法是统筹兼顾。具体来讲，即统筹城乡发展、统筹区域发展、统筹经济社会发展、统筹人与自然和谐发展、统筹国内发展和对外开放。[①] 所以，坚持科学发展观是总揽全局、统筹规划，抓住牵动全局的主要工作，这也是运用系统思维对经济社会发展做出的全面部署。

二、进入新时代党运用系统思维的具体实践

善用系统思维，要求统筹协调，必须善于把握事物的层次结构性和内在关联性，在动态平衡中统筹各方、协调配合地分析问题、解决问题。[②] 党的十八大以来，以习近平同志为核心的党中央始终坚持系统思维，提出并实施

① 参见《胡锦涛文选》第 2 卷，人民出版社 2016 年版，第 623–625 页。

② 习近平：《生态文明思想蕴含的科学思维方式》，《文摘报》2018 年 6 月 5 日 06 版。

“五位一体”总体布局、“四个全面”战略布局、“四梁八柱”改革、“三大攻坚战”“六稳”工作、“六保”任务等一系列新布局和新方略，通过对于中国社会复杂系统的结构、环境与功能的调控，取得了“一带一路”建设、国民生产总值、粮食总产量、脱贫攻坚、污染防治、教育、就业、社会保障等方面的丰硕成果。

（一）整体推进的全面改革观

在全面深化改革方面，几乎所有的改革问题都要求运用系统思维：改革发展与稳定的有机统一，要求正确处理平衡与非平衡之间的关系；市场在资源配置中的决定性作用与更好发挥政府作用二者兼顾，实质是分布式适应优化与集中式反馈调控问题；效率与公平问题，则涉及微观与宏观层面正反馈与负反馈机制的平衡。习近平总书记认为，全面深化改革涉及党和国家工作全局，涉及经济社会发展各领域，涉及许多重大理论问题和实际问题，是一项复杂的系统工程，这就要求我们必须加强顶层设计和整体谋划；随着改革的深入，各个领域各个环节的关联性互动性明显增强，每一项改革都会对其他改革产生影响，每一项改革又都需要其他改革系统配合，必须增强各领域改革的协同性和各项改革举措的耦合性；重大改革都是牵一发而动全身，需要坚持试点先行、重点突破与全面发力、整体推进相结合，提出改革的战略目标、战略重点、优先顺序、主攻方向、工作机制、推进方式，提出改革总体方案、路线图、时间表；最终形成全面的系统的改革和改进，形成各领域改革和改进的联动和集成，在国家治理体系和治理能力现代化上形成总体效应，取得总体效果。正如党的二十大报告在阐述新时代十年的伟大变革时所指出的，我们以巨大的政治勇气全面深化改革，许多领域实现历史性变革、系统性重塑、整体性重构，中国特色社会主义制度更加成熟更加定型，国家治理体系和治理能力现代化水平明显提高。

（二）系统治理的生态文明观

在生态文明建设方面，习近平总书记指出，山水林田湖草是生命共同体，人的命脉在田，田的命脉在水，水的命脉在山，山的命脉在土，土的命脉在树。他着眼于生态系统的易污染性和难恢复性，强调要统筹兼顾、整体施策、多措并举，全方位、全地域、全过程开展生态文明建设，实现美丽中国愿景。为此，中央加快生态环境方面的立法，制定了一系列重大制度，确立了新时代中国生态文明建设的“四梁八柱”，确立了美丽中国建设的基本制度框架，全面推行党政同责、一岗双责、河长制、湖长制等一系列行之有效的政策举措。党的二十大报告中再次强调：“我们要推进美丽中国建设，坚持山水林田湖草沙一体化保护和系统治理，统筹产业结构调整、污染治理、生态保护、应对气候变化，协同推进降碳、减污、扩绿、增长，推进生态优先、节约集约、绿色低碳发展。”国际人士称赞，中国坚持系统观念，研究生态系统的平衡及其动力学演化，进行整体保护、系统修复、综合治理，走出了一条生态文明建设的可行之路。

（三）群防群控的疫情防控观

在新冠疫情防控方面，面对疫情防控的复杂性、艰巨性和反复性，习近平总书记强调，疫情防控要坚持全国一盘棋，各级党委和政府必须坚决服从党中央统一指挥、统一协调、统一调度，做到令行禁止；只有集中力量把重点地区的疫情控制住了，才能从根本上尽快扭转全国疫情蔓延局面。根据习近平总书记的重要指示，紧急动员、星夜驰援、一声令下、闻令而行的齐心协力，集中患者、集中专家、集中资源、集中救治的抗疫方式，使得社会主义制度集中力量办大事的优势再次得到彰显。打疫情防控阻击战，也是打后勤保障战。疫情暴发初期，防护服、N95 口罩等严重短缺。中央指导组赶赴有关企业部署迅速复工扩产，不少中央企业从零起步，紧急转产防护服、口罩等紧缺医疗物资。《柳叶刀》评价，除了中国，没有任何一个国家可以用这样的速度动员各种资源，速度之快、规模之大，世所罕见。从这次新冠肺炎疫情防控看，坚持全国一盘棋，调动各方面积极性，集中力量办大事，是我们打赢疫情防控阻击战的重要法宝。

（四）全面真实的民主法治观

在全面发展全过程人民民主方面，我们既吸收和借鉴人类政治文明有益成果，又注意规制与避免其他国家政治制度的缺陷，极大地提升了政治体系的包容性、适应性和平衡性，实现了人民代表大会制度的与时俱进。由此，在制度程序的完整性上，建立了全面广泛有机衔接的人民当家做主制度体系；在参与实践的全面性上，践行了民主选举、协商、决策、管理与监督的全链条、全方位、全覆盖式参与实践，真正实现了优于西方民主的人民民主。在全面依法治国方面，既通过法律这一“控制器”调整平衡各种利益关系，又加强对权力运行的制约和监督，把权力关进制度的笼子里。党的二十大报告中，习近平总书记在总结新时代十年来民主法治建设方面发生的伟大变革时，明确指出“全面依法治国总体格局基本形成”。其中，习近平法治思想引领全面推进依法治国事业健康发展；“一规划两纲要”为全面推进依法治国各项工作谋篇布局；中国特色社会主义法治体系建设为全面推进依法治国各项工作提供了“总抓手”；“科学立法、严格执法、公正司法、全民守法”奠定了全面依法治国实践的基本格局。这意味着新时代十年来我们运用系统思维在法治建设的理论、制度和实践方面形成的认识、取得的成就和经验已经成熟、定型化。

【延伸阅读】

为什么事物的组织呈现层次性

从前，有两个钟表匠，一个叫霍拉（Hora），一个叫坦帕斯（Tempus），他们都能创造精致的钟表，也各自有很多顾客。他们店里的顾客总是络绎不绝，电话响个不停，新订单源源不断。然而，多年以后，霍拉变得很富有，而坦帕斯却越来越穷。这主要是因为霍拉发现了层次性原则。

霍拉和坦帕斯制造的手表都由近百个零件组成，坦帕斯依次组装这些零件，但是，在组装过程中，如果他不得不放下手头的活计去干其他事，比如去接个电话，半成品就会散成一堆零件；等他回来后，就只好从头开始组装。因此，顾客的电话越多，他就越难找出一整段不被打扰的时间，以完成一只手表的组装工作。

相反，霍拉制造的手表不像坦帕斯的那么复杂，他先把大约十个零件组装成一个稳定的部件，然后把十个部件组成一个更大的集合；最后只要把这些组件装在一起，一只手表就做好了。即使霍拉也和坦帕斯一样，不得不放下手头的活去接听顾客的电话，这也只会影响到他手头很小一部分工作。这样，他可以比坦帕斯更快、更有效率地制造手表。

只有存在稳定的媒介形式，一些简单的系统才能进化成复杂的系统。这样形成的复杂系统，天然地就具有层次性。这或许可以解释为什么在自然系统中，层次性比比皆是。相对于其他各种可能的复杂形式，层次性结构是少数几种随时间而进化的结构之一。

[美]德内拉·梅多斯著，邱昭良译：《系统之美》，浙江人民出版社 2012 年 8 月第 1 版，第 114 页。

第三节　党员干部提高系统思维能力的基本要求

《中共中央关于制定国民经济和社会发展第十四个五年规划和二〇三五年远景目标的建议》强调要坚持系统观念，必须加强前瞻性思考、全局性谋划、战略性布局和整体性推进。党的二十大报告明确提出，新时代新征程中国共产党的中心任务就是团结带领全国各族人民全面建成社会主义现代化强国，强调要“坚持系统观念”，不断提高“系统思维”能力，“为前瞻性思考、全局性谋划、整体性推进党和国家各项事业提供科学思想方法”。如果说，前瞻性思考、全局性谋划是静态的运筹帷幄，那么战略性布局、整体性推进更强调动态的排兵布阵。其中，前瞻性思考侧重于方向目标的确定，全局性谋划主要解决道路选择的问题，战略性布局突出强调具体路径怎么走，整体性推进则是着力解决如何做成事情。运用系统思维，要注重动静、先后、时间、空间等众多维度的统筹协调和多维贯通。

一、着眼长远，加强前瞻性思考

古人云：“宜未雨而绸缪，毋临渴而掘井”，“明者远见于未萌，而知者避危于无形”，都强调要将过去、现在、未来贯通起来，在洞察现实的基础上预测未来，在明辨风险的前提下引领未来。前瞻性思考的核心是前瞻，它指向未来，是对现实的一种延伸，要求对未来发展趋势或可能的一种预见能力；前瞻性思考的重心是思考，要求具备综合分析基础上的动态视角。前瞻性思考要求党员干部必须着眼长远，运用动态变化的眼光来分析复杂问题，预见它发展变化的趋势、模式和可能的风险挑战。

（一）明确方向目标，预测引领未来

前瞻性思考要解决好方向、目标的问题，把近期、中期、远期的目标统筹起来谋划，树立远大理想，明确我们朝哪里走，我们要实现的目标是什么，它是在过去和当下的基础上进行的关于未来的求索。党员干部不能用割裂的、静止的、孤立的观点看待过去、现在、未来，而是必须贯通地、动态地、关联地去看待事物变化。就像拉塞尔·阿克夫所说："所遇到的问题通常都不是彼此孤立的，而是相互影响、动态变化的，尤其是在由一系列复杂系统构成的动态情境之中。"所以我们思考问题必须着眼于系统发展演化的过程性，看到事态发展的"来龙去脉"，梳理清楚各种关键要素之间的相互影响、此消彼长，以及各种可能的变化，认清并处理好历史、现实和未来的关系，以利于决策者坚定信念、确定目标，明确"往何处去"的问题。

《马克思恩格斯全集》第 47 卷指出："新思潮的优点又恰恰在于我们不想教条地预期未来，而只是想通过批判旧世界发现新世界。"[①]这就要求我们要善于运用过程性思维去看待问题，既不纠结过去，也不只顾眼前，在批判性思维基础上处理好一脉相承和与时俱进之间的关系。习近平总书记在《黄河流域生态保护和高质量发展座谈会》上强调"要保持历史耐心和战略定力，以功成不必在我的精神境界和功成必定有我的历史担当，既要谋划长远，又要干在当下，一张蓝图绘到底，一茬接着一茬干，让黄河造福人民。"可见，确定方向目标，要求党员干部必须着眼长远、志存高远，找到长期利益和短期利益动态平衡支点，才能擘画蓝图启新程。

《礼记·中庸》："凡事有预告即立，无预告即废。"远大理想和崇高目标的实现，通常可以通过构建一系列的发展蓝图，分阶段、分步骤的去完成。

① 马克思：《马克思恩格斯全集》第 47 卷，人民出版社 2004 年版，第 64 页。

发展蓝图可以对近期的决策产生指引作用，也可以通过与实际情况结合实现对长远目标不断修正。用中长期规划指导经济社会发展，是我们党治国理政的一种重要方式，从而使得从当下到未来、从近期到远期不同时间维度该做什么、怎么去做，变得有迹可循、变得具体可操作。当前，加强前瞻性思考，党员干部必须科学统筹当下和长远两个时期，发展和安全两个根本，中央和地方两个层级，超前谋划、砥砺前行、开拓创新、奋发有为，实现经济行稳致远、社会安定和谐，极大满足人民日益增长的美好生活需要。

（二）明辨机遇挑战，防范化解风险

汉代袁康在《越绝书·德序外传记》中说："故圣人见微知著，睹始知终。"加强前瞻性思考，必须充分考虑到前进道路上我们所要经历的各种风险挑战。党的二十大报告指出："我们必须增强忧患意识，坚持底线思维，做到居安思维、未雨绸缪，准备经受风高浪急甚至惊涛骇浪的重大考验。"具体来讲，习近平总书记在着力防范化解重大风险专题研讨班开班式上强调"要有草摇叶响知鹿过、松风一起知虎来、一叶易色而知天下秋的见微知著能力，对潜在的风险有科学预判，知道风险在哪里，表现形式是什么，发展趋势会怎样，该斗争的就要斗争"。这就要求党员干部见微知著，善于辨别最不容易辨别的"起于青萍之末"之小风，统筹把握其中的困难与挑战，科学研判进一步发展面临的障碍与瓶颈，有效防范与规避各种可能出现的风险和意外，积极谋划有效对策克服困难、突破瓶颈，预先为争取事情最好发展结果而做好各方面准备。

进入新时代，中国面临的风险纷繁复杂，诸如病毒持续变异、不确定性增强的疫情风险，通胀通缩、经济萎缩的经济风险，海上的、陆上的地缘政治风险，还有金融风险、社会风险、生态风险、意识形态风险等等，这就需要我们从不同领域、不同角度、不同背景来进行具体分析。2019 年，习近平总书记在省部级主要领导干部坚持底线思维着力防范化解重大风险专题研讨班开班式上发表重要讲话时强调，既要高度警惕"黑天鹅"事件，也要防范"灰犀牛"事件；既要有防范风险的先手，也要有应对和化解风险挑战的高招；既要打好防范和抵御风险的有准备之战，也要打好化险为夷、转危为机的战

略主动战。可见，只有未雨绸缪、居安思危、谋定而动，做好风险隐患的防范化解工作，我们才能把全部心思和精力用到谋求长远发展利益上来，真正做好自己的事情。

当前，随着信息技术的飞速发展，党员干部可以运用现代科学技术手段，更好地把握发展机遇，规避风险挑战。自古以来，人类都坚信，自然现象能够被人类理解、量化和预测，并最终受人控制。进入大数据时代，美国东北大学科学家巴拉巴西在其《爆发：大数据时代预见未来的新思维》一书中更是断言："人类行为遵循着有规律的模式，93% 的人类行为是可以预测的。"其同样受制于规律、模型及原理法则，它们的可重现性和可复制性与自然科学不相上下。所以，党员干部可以运用历史经验分析、大数据挖掘、云计算推演、人工智能模拟等方法，探索人类行为发展变化的规律、动态演变模型及认知行为原理法则，精准预判人类社会发展的风险挑战，进一步趋利避害、有的放矢、精准施策，赢得经济社会持续向好发展的主动权。

二、服从大局，加强全局性规划

清代陈澹然《寤言》· 卷二《迁都建藩议》言："不谋万世者，不足谋一时；不谋全局者，不足谋一域。"任何事物都有它的全局，全局由局部组成，通常处于统率的决定地位。谋划是利用人的主观能动性，优化资源使用、寻求效能最优的过程。习近平总书记强调："必须牢固树立高度自觉的大局意识，自觉从大局看问题，把工作放到大局中去思考、定位、摆布，做到正确认识大局、自觉服从大局、坚决维护大局。"这为我们提高全局性谋划能力提供了基本方法和根本遵循。

（一）正确认识把握大局，统筹好国际国内"两个大局"

干事创业、改革攻坚，关键是"全局在胸"。毛泽东同志曾经给谢觉哉写信讲道："事情确需多交换意见，多谈多吹，才能周通，否则极易偏于一面"。"各去所偏，就会归于一是。"去掉各自的片面性，我们才能获得全局性的认识和谋划。全局性谋划强调空间范围、时间维度对事物的全域覆盖，它的基础是正确认识大局。 身在兵位，胸为帅谋。大局既是一种格局，也是一种能力。大局是整体局面、全局形势，具有根本性、方向性和决定性的特点，但是关键的局部会对大局的发展有决定作用。“善弈者谋势，不善弈者谋子。”全局性谋划是要着眼大局，设好“局”、布好“势”，不计较于一子一时得失，抓住主要“方位”，力争做到互促共动、协调推进、整体提高。同时，又要充分考虑到局部的利益，找准局部的定位，缺少局部的大局是“无源之水无本之木”。

党员干部需从大局出发作决策、定思路，优化资源配置，制定相应规划确保全局性目标实现。但在实际工作中，大局和局部的利益很可能存在冲突，不可兼得。正如邓小平同志所说：“有些事从局部看可行，从大局看不可行；有些事从局部看不可行，从大局看可行。”这就要求党员干部要“处一隅而观全局”，要有心怀天下的胸襟、眼界和格局，坚决杜绝本位主义、个人主义、自由主义，做到不因小局胜负动心，不因眼前利益而迷失，跳出一人一时一事局限，正确认识把握大局、自觉维护服务大局。尤其是在利益取舍上，要将大局利益放在优先位置，局部利益服从大局利益。

2019 年，习近平总书记在江西考察时指出：“领导干部要胸怀两个大局，一个是中华民族伟大复兴的战略全局，一个是世界百年未有之大变局，这是我们谋划工作的基本出发点。”从国际上看，单边主义和保护主义抬头，致使经济全球化受到严峻挑战，给世界经济带来了不确定性，特别是新冠肺炎疫情加速了这一变局的演化。从国内发展来看，我国已全面建成小康社会，正处在中华民族伟大复兴的关键时期。党员干部既要放眼“西强东弱”“东升西降”的世界格局，又要坚持从今天的中国前所未有地接近实现中华民族伟大复兴的战略全局出发，善于抓住和制造机遇，危中求机、化危为机，走向强盛和腾飞之路。

（二）自觉维护服务大局，处理好中央和地方之间的关系

大局优于小局，全局优于局部。正如毛泽东同志所言：“共产党员必须懂得以局部需要服从全局需要这一道理。”全局性谋划的关键是坚决维护大局。党员干部要善于领会党中央决策部署，把本地区本部门的工作放到中央大盘中进行思考和定位，正确处理中央和地方之间的关系，“从全国出发谋划地

方，以地方服务全国”，准确把握单位建设在发展全局中的定位，从大局角度谋划和推动工作。

习近平总书记强调：“领导干部想问题、作决策，一定要对国之大者心中有数，多打大算盘、算大账，少打小算盘、算小账，善于把地区和部门的工作融入党和国家事业大棋局，做到既为一域争光、更为全局添彩。党员干部干事谋事要先从大局大势出发，分清主次、区分缓急，做到‘上下一条心、全国一盘棋’，破除本位主义思想。”所以，各级党委和政府的党员干部必须紧密团结在以习近平同志为核心的党中央周围，坚决服从党中央统一指挥、统一协调、统一调度，对党中央提倡的坚决响应、党中央决定的坚决执行、党中央禁止的坚决不做，做到令行禁止，不能“随意变通”、杜绝“上有政策、下有对策”，更不能打着“创新”的旗号另搞一套，这样才能有效避免各自为政、各行其是、相互掣肘的局面。

当前，新冠肺炎疫情在世界范围内长时间广泛传播，西方国家面对疫情束手无策、焦头烂额，甚至祭出“群体免疫”的幌子。疫情防控是一场总体战，必须增强大局意识、坚持全国一盘棋。以习近平同志为核心的党中央号令四面、组织八方，稳扎稳打、步步为营，迅速切断疫情传播链，在“动态清零”中抓紧复产复工，使得经济社会很快走上正轨。疫情大考又一次验证了大局面前统一谋划、统一行动的重要性，广大党员干部要严防滋生个人主义、自由主义、本位主义思想，不能囿于小局，要真正把人民群众的生命安全放在首位。

三、突出重点，加强战略性布局

陈子昂在《和陆明府赠将军重出塞》中写到，“星月开天阵，山川列地营”。下棋讲究落子布石，战争讲究排兵布阵，治国理政注重战略性布局。习近平总书记指出：“我们是一个大党，领导的是一个大国，进行的是伟大的事业，要善于进行战略思维，善于从战略上看问题、想问题。”[①]战略性布局主要解决具体路径怎么走的问题，是在战略高度进行的从谋划到行动、从构想到实施

① 邓一非：《善于从战略上看问题想问题》，《人民日报》2022 年 02 月 16 日。

的系统性谋篇布局活动，这就要求党员干部要处理好主与次、先与后的关系，制定科学合理、可行有效的战略性布局。

（一）布大棋局寻突破点落关键子，处理好主与次的关系

俗话说“一着不慎，满盘皆输；一着占先，全盘皆活”。实现战略目标是“大棋局”，抓住主要方面是“突破点”，解决主要矛盾是“关键子”。复杂网络理论通过研究发现，真实的网络世界不是均匀的，而是存在处于关键位置、具有强大影响力的中枢节点。这实际上启示我们在工作和学习中，要注意分清主次、轻重和缓急，找到战略重点、抓住关键环节，提出主攻方向、坚持重点突破，以达到“以点带面”“一子落而满盘活”“以纲代目、纲目并举”的神奇效果。

中国共产党人善于布局。建国初期，为站稳脚跟，中国果断出兵抗美援朝，这一重大决策真正实现了“打得一拳开，免得百拳来”的战略效果，奠定了百年和平发展的基础。这就是对全局具有决定性意义的突破口、关键子，是争取主动、快速突破的明智之举。面对着文化大革命十年留下的一大堆问题，邓小平同志大胆解放思想、争取主动，从拨乱反正到恢复高考、从改革开放到建立社会主义市场经济、从按劳分配到先富带后富等一系列有效举措，迅速打破了中国在“徘徊中前进”的局面，人民的经济社会生活逐步迈入正轨。习近平同志在浙江工作期间就曾指出“明确事关全局的重点领域和重点工作，确定经济社会发展的战略目标、战略举措、战略重点、战略措施”。围绕战略目标实现进行战略布局、制定战略措施，既要统筹兼顾、面面俱到，又要突出重点、以点带面，才有可能在试点先行的基础上全域铺开。

十八大之后，中国特色社会主义进入新时代，习近平总书记洞察时与势，谋篇布局、擘画蓝图：一是引领方向之局，通过提出中华民族伟大复兴中国梦和人类命运共同体理念，引领中国发展和世界发展的方向之局、方向大棋；二是照应全盘之举，主要包括“四个全面”战略布局、“五位一体”总体布局和“四个自信”的全盘之举；三是着眼重点之局，在不同的历史阶段根据不同的历史任务，着眼重点布下大棋局。具体来讲，习近平总书记在经济、政治、文化、军事、科技、社会等方面布下治国理政的重大战略，包括科教兴

国战略、人才强国战略、创新驱动战略、扩大内需战略、乡村振兴区域，重大区域协调发展等，全方位地解决了民族复兴具体路径怎么推进的问题，这是战略性布局的经典范例。

（二）用辩证法善弹钢琴下先手棋，处理好先与后的关系

习近平总书记指出："战略是从全局、长远、大势上作出判断和决策。"错综复杂的现实问题和难以预见的风险挑战，在某种程度上，考验的是党员干部高瞻远瞩、未雨绸缪，深谋远虑、运筹帷幄，统揽全局、协调四方的战略布局能力。协同学的序参量支配原理指出，在一个系统秩序的形成过程中，有一种参量对于系统的发展演化起着主要的、决定的作用，这个参量就叫序参量。这就要求我们要善于处理先与后的关系，下好"先手棋"，抢占先机。

习近平总书记曾指出："我们要学会运用辩证法，善于'弹钢琴'，处理好局部与全局、当前和长远、重点和非重点的关系，在权衡利弊中趋利避害、做出最为有利的战略抉择。"从实践操作层面来讲，"重与轻""急与缓""本与末""近与远"之间的关系，归根结底都是"先与后"的关系。因此，党员干部要始终懂得瞻前顾后、继往开来，优先安排"重、急、利、近"的付诸实施，才能处理好"先与后"的关系，科学合理地做出统筹兼顾，使"最初一公里"与"最后一公里"有机贯通，实现有序稳步推进。

党的十八大以来，党中央特别注重科技创新这个"牛鼻子"，就为当代中国的发展、为中华民族复兴下出先手棋，抢占了先机。科技创新是高质量发展的核心驱动力，抓住了科技创新，也就抓住了牵动我国发展全局的先机。习近平总书记在《求是》刊登了一篇题目为《努力成为世界主要科学中心和创新高地》的文章，明确指出："科学技术从来没有像今天这样深刻影响着国家前途命运，从来没有像今天这样深刻影响着人民生活的福祉。"[①] 他强调了科技创新的至关重要性，并逐一回答了加强科技创新的原因、科技创新的方向、科技资源优化配置的路径、激发调动创新活力的政策方针以及科技成果高效转化等一系列涉及科技创新的重大的根本性问题，对科技创新形成了从思想

---

① 习近平：《努力成为世界主要科学中心和创新高地》，《求是》2021年第06期。

到战略再到行动的科学体系，成为抢占先机、下好先手棋的成功范例。

四、增强协同，加强整体性推进

协同学理论的创立者德国科学家赫尔曼·哈肯认为："无序就是混沌，有序就是协同。"只有各个要素或子系统之间按照客观的运行规律有序排列、有效衔接、顺畅协同，才能激发系统的最佳效能。整体性推进要求诸系统之间要打破壁垒、统筹资源、优势互补、相辅相成，以提高整体效益。党员干部要善于运用整体主义的全国视野来统筹兼顾、整体施策、多策并举，全方位、全领域、全过程协调推进。这就要求我们必须按照差异性协同原则，做好横向政策配套和纵向有效衔接，实现高质量可持续的发展目标。

（一）在横向维度上，做好政策配套

系统哲学的基本原理之一就是"结构决定功能"，即构成系统的诸要素之间的相互关联和影响，驱动着系统的变化，进而演化出事件。正如邱昭良在《如何系统思考》中所指出的：坚持系统思维，"不只要关注一个个孤立的事件（'点'），而是主张看到事件背后隐藏的关键行为的变化动态，拉长时间的维度，找出其中的模式以及发展趋势（'线'），更进一步地要看清楚、推动该模式与趋势发生的潜在'结构'（'体'）"。① 对于动态复杂系统而言，牵一发而动全身。与此相适应，从横向维度来看，解决复杂性问题必须诉诸整体，要用相互关联的观点去把握事物的全貌，追求多元化政策之间的一种差异性协同效应，形成政策合力。

如果对策不是经过整体考虑之后做出的全局性协调的"多元解"，即便采取这一对策能在短期内取得一定成效，也可能在未来的某个事件、某些地方产生"副作用"，甚至造成"对策比问题更糟糕"的窘境。改革开放之初，我们也曾试图通过"冒险闯关"搞"价格改革"，结果引发了全国性"抢购风"；也曾搞"打假"等各行各业的"专项行动"，却很难走出左右摇摆、一阵风的境地，甚至使我们陷入顾此失彼、捉襟见肘、"按下葫芦浮起瓢"的被动境地。

---

① 邱昭良：《如何系统思考》，机械工业出版社 2022 年 4 月版，第 58 页。

所以，党员干部要想提出干预措施，必须经过系统的分析，综合施策，不要指望单一的措施就能一劳永逸地解决所有问题，甚至我们可以抵制选择一个或少量几个看起来能快速见效的对策的诱惑。

众所周知，全面深化改革是一项复杂的系统工程，习近平总书记主持召开中央全面深化改革领导小组第三十六次会议时强调："注重系统性、整体性、协同性是全面深化改革的内在要求，也是推进改革的重要方法。改革越深入，越要注意协同，既抓改革方案协同，也抓改革落实协同，更抓改革效果协同，促进各项改革举措在政策取向上相互配合、在实施过程中相互促进、在改革成效上相得益彰，朝着全面深化改革总目标聚焦发力。"这就需要加强顶层设计和整体谋划，加强各项改革关联性、系统性、可行性研究。党员干部要在基本确定主要改革举措的基础上，深入研究各领域改革关联性和各项改革举措耦合性，深入论证改革举措可行性，把握好全面深化改革的重大关系，使各项改革举措在政策取向上相互配合、在实施过程中相互促进、在实际成效上相得益彰。

（二）在纵向维度上，做到有效衔接

《荀子·劝学》曰："物类之起，必有所始。荣辱之来，必象其德。肉腐出虫，鱼枯生蠹。怠慢忘身，祸灾乃作。"因此，系统思维注重动态思考，强调要关注系统的发展演变及其来龙去脉。整体性推进要求我们通过对各个系统动态反馈机制的研究，发现系统行为变化的内在规律，采取适当介入措施，优化各个系统内部及其子系统之间的关系，使得系统运行的流程优化、协调有序。所以，在纵向维度上，党员干部要通过掌握科学规律，对系统内部要素排列组合的结构顺序进行合理优化，确保井然有序、衔接有效、运行顺畅，以实现系统整体效益的最大化。

一百年来，中国共产党团结带领中国人民解决了"温饱"问题，实现了全民小康，从"站起来""富起来"迈向了"强起来"。以改革开放为例，我们要按照"支持""采纳""辐射"共同推动改革"由点及面"逐步展开。改革开放 40 多年的实践证明，"从农村到城市""从沿海到内地""从引进来到走出去""从经济体制改革到政治体制改革再到全面深化改革""从对内搞

活到对外开放”“从部门地区到域对外开放再到全方位多层次宽领域对外开放”“由易到难”“从局部到全面”“由试点到推广”等渐进式改革路径，是我国实行改革开放试错成本最低、适宜稳妥推进的的最佳方案。

民族要复兴、乡村必振兴。2020年，习近平总书记在中央农村工作会议上的讲话中强调指出要“做好巩固拓展脱贫攻坚成果同乡村振兴有效衔接，工作不留空档、政策不留空白”。具体来讲，主要从强化政策、力量、机制的有效衔接方面，出台了“一揽子”操作性强、切实有效的政策措施。从政策衔接来看，在财政投入方面，加大下达衔接补助资金额度，做好资金项目绩效管理，确保发挥最大效益；金融信贷方面，继续落实小额信贷政策，对符合贷款条件的脱贫群众“应贷尽贷”。在力量衔接方面，对外强化“三支”力量，即东西部协作力量、中央单位定点帮扶力量和社会力量；对内强化“三支力量”，即“第一书记”、驻村干部和包村干部。在机制衔接方面，陆续出台“纵向到底、横向到边”的脱贫责任体系，“政策完备、措施精准”的脱贫工作体系，“四梁八柱、稳定增收”的带贫益贫体系，“力度空前、绩效良好”的资金保障体系，“东西扶贫协作、社会广泛参与”的脱贫帮扶体系，“奖优罚劣、激励担当”的考核评价体系以及“全面从严、坚强有力”的组织保障体系。正是这一系列无缝对接的有效衔接举措，实现了从巩固拓展脱贫攻坚成果到乡村振兴的平稳过渡和整体推进。

【延伸阅读】

解决问题的三重境界

战国时期，名医扁鹊闻名天下。传说魏文王曾求教于名医扁鹊：“你家兄弟三人，都精于医术，到底哪一些最好呢？”

扁鹊答：“长兄最善，中兄次之，我最差。”

文王再问：“那为什么你最出名呢？”

扁鹊答：“长兄善治未病之病，于病情发作之前就铲除病根，一般人感觉不到，所以他的名气无法传出去，只有我们家人推崇备至；中兄善治欲病之病，于病情初起时，虽药到病除一般人却以为他只能治轻微的小病，所以他的名气只及本乡里；我仅善治已病之病，与病情严重之时，一般人都看到我下针放血、用药制药甚至动手术，都以为我医术高明，因此名气传遍全国。”

从这则故事可以看出，解决问题有三个境界。最高境界是善于调理、养生，发挥系统自身的适应力，使其顺畅、和谐地运作，根本不生病。就像《荀子·劝学》所讲：神莫大于化道，福莫长于无祸。也就是说，将“道”融化于自己的言行之中，是最高明的；没灾没祸，是最持久的幸福。达到这样的状态，就是孔子所讲的“从心所欲不逾矩”。这是最高层次的系统思考的智慧。精通系统之道，顺势而为，游刃有余。

次一级的智慧是，提前预见并采取措施，将问题消除于萌芽状态之中，不使其发作。为此，你也需要具备系统思考的智慧，及时发现（甚至是预见）事件可能的变化趋势，梳理清楚关键要点，找到“根本解”和关键的“杠杆点”，并综合施策。

最后，当问题已经发生时，你需要快速做出睿智的决策，并分清轻重缓急，既要解决紧急的问题，又要不破坏系统自身的适应力。

比如，对于传染性疾病，如果能够提前采取措施，杜绝接触或消除可能的传染源，并且在平时加强预防，提高群众的免疫力，保护好易感人群，就不会发病；一旦产生了感染，及早发现、尽快控制、隔离传染源，并阻断传播途径，防止大规模的指数级传播，就成为关键；等到疾病蔓延开来，就得采取另外一些措施，既要快速诊断、救治，又要以更强的力度来隔离传染源、阻断传播途径，同时兼顾人们的日常生活、工作与防疫。

对于复杂问题来说，要做到以上哪一点都不容易，都涉及全面思考（纵览全局、统筹协调）、深入思考以及动态思考（洞悉系统内在的结构，了解系统行为的动态以及二者之间的关联）。

邱昭良：《如何系统思考》（第2版），机械工业出版社2022年4月第2版。

第五课

提高创新思维能力 厚植民族复兴动力

经典语录

创新是一个民族进步的灵魂，是一个国家兴旺发达的不竭动力，也是中华民族最深沉的民族禀赋。在激烈的国际竞争中，惟创新者进，惟创新者强，惟创新者胜。……祖国改革开放和社会主义现代化建设的火热进程，为一切有志于创新创造、干一番事业的人们提供了广阔舞台。

——2013 年 10 月 21 日，习近平总书记在欧美同学会成立一百周年庆祝大会上的讲话马克思和恩格斯对创新思维特别重视，他们认为理论思维是一个民族站在科学最高峰的必要条件，在《德意志意识形态》中指出："全部问题都在于使现存世界革命化，实际地反对并改变现存的事物"，就是通过实现思维创新推动客观事物的发展。习近平总书记运用其卓识将创新思维纳入治国理政之中，继承革命前辈创新传统，结合新时代国情践行创新理念，他强调"纵观人类发展历史，创新始终是一个国家、一个民族发展的重要力量，也始终是推动人类社会进步的重要力量。"① 党的十八大以来，习近平总书记多次提出党员干部要提高创新思维能力，要建设一支政治上过硬、专业本领过硬、能吃苦且富有开拓创新精神的干部队伍。通过培养党员干部创新思维，发挥党员干部引领创新的带头作用，提高党员干部创新思维能力，聚力新时代共进创新风尚，鼓励党员干部运用创新方法提升工作质量，攻克工作难题，以期党员干部在新时代的新征程中，运用创新思维肩负使命，初心为民，执政有法，履职尽责，使中国共产党人不断自我革命、提升自我，使中国共产党能永葆青春、活力永存，推动中华民族伟大复兴的巨轮乘风破浪。

第一节　深刻领会创新思维的科学内涵与重大意义

创新思维作为人类社会发展的动力之源，为我们国家、民族的发展进步提供了源源不断的动力，对党员干部的领导思维塑造、工作能力提升有着举足轻重的作用。理解创新思维的内涵，明确坚持创新思维的意义，是党员干部形成与时俱进创新思维的重要前提。

一、创新思维的科学内涵

创新又名"刱新"，创立或创造新的事物是其主要特点，也可以理解为首先或第一次出现。创新一词出自《南史·后妃传上·宋世祖殷淑仪》："据《春

① 习近平：《习近平谈治国理政》第二卷，外文出版社 2017 年版，第 267 页。

秋》，仲子非鲁惠公元嫡，尚得考别宫。今贵妃盖天秩之崇班，理应创新。”[①]其内涵是在某一环境中，为达到理想化的需要或满足理想化的需求，以现有的物质和知识为基础，用有别于常规的方式改进或创造事物。因此，创新可以是思想精神方面，也可以是物质事物方面，可以说人类社会的每一次进步都是创新带来的，人类社会的发展史就是人类社会的创新史。

创新思维是一种寻找新方向、认识新事物的认知方式。创新思维旨在通过改变原有观点、思考角度，力求打破旧的思维模式，形成异于常人、观念新奇、卓具创见的新理论的认知方式。创新思维一词在许多学科都有应用，不同学科对创新思维的定义略有差异。其中，心理学认为，创新思维是一种需要付出脑力劳动的高级心理活动，创新思维是多种能力的集合体，包括感知能力、理解能力、记忆能力、联想能力等，具有综合性、求新性、探索性特征，是充满推敲、直觉、遐想、联想的思维活动过程；哲学认为，创新思维是在揭示客观事物本质和规律的过程中，产生崭新的、特别的、新颖的符合社会发展意义、价值的思维成果。创新思维是在扩散思维和集中思维的辩证统一、抽象思维和灵感思维的对立统一的过程中，实现创造想象与现实定向结合的，具有开创性质，为探求未知而形成的高级思维。可以看出，创新思维虽然在不同的学科中解释有所差异，但都具有学科特征与创新思维共性特点。

党员干部创新思维的理解应是学术概念与党的领导精神的结合体。从不同的时代角度，国家领导人结合实践对创新有不同的论述，毛泽东同志结合中国革命实际提出“马克思主义中国化”的科学命题，他曾说过：“任何国家的共产党，任何国家的思想界，都要创造新的理论，写出新的著作，产生自己的理论家，来为当前的政治服务，单靠老祖宗是不行的。”[②]邓小平同志结合中国发展道路提出“改革开放”的战略决策，他曾指出，改革是一场新的伟大革命，我们通过改革开放“开始找到了一条建设有中国特色的社会主义

---

① 中华书籍编辑部：《南史》，中华书籍出版社 2000 年版，第 247 页。

② 毛泽东：《毛泽东文集》第 8 卷，人民出版社 1999 年版，第 109 页。

的路子”[①]。习近平总书记结合中国新时代特征提出“抓创新就是抓发展，谋创新就是谋未来”[②]，为中华民族谋复兴指明了方向。由此，新时代党员干部创新思维可以理解为，在新时代社会环境中，根据现实工作需要以创新为出发点，运用党的学术专著和理论精髓形成富有党性的思想，采用新的方式方法积极发现和解决问题，带头营造社会创新氛围，使创新思维成为中华民族的思想禀赋。新时代党员干部的创新思维一般应具有以下特征：

一是创新思维应具有实践性，创新思维的出发点是现实需要。实践是创新思维的出发点和落脚点，实践过程中遇到问题需要创新思维解决，创新思维的运用也需要实践的检验。创新思维的实践性强调的是思维和客观环境的相互作用，提升创新思维能力，保持对客观环境的敏感性，对现有事物常怀思考之心，常怀“问题”意识，而不是教条式地固守理论。善于用实践来沟通创新思维与现实生活，保持一个开放的、不因循守旧的、乐于向外探求的态度。新时代党员干部要勇于将创新思维付诸实践，不怕试错，积极探索，在此过程中，发现新的理论、事物、方法等。

二是创新思维应具有开拓性，创新思维的推动点是内外连接。创新思维的开拓性是创新思维主体从内部的创造走向外部实践的过程，是推动创新思维由意识转变为现实的动力，是创新思维的高级境界。创新思维的开拓性，一方面是指意识领域的内拓；另一方面是指创新成果的外拓。无论是创新意识领域的内拓，还是创新成果的外拓，都需要创新思维将所思考的问题，有着再进一步的推动力，使思维内与思维外连接起来，这是一种以自觉为前提，充分调动思维的主动性和能动性。但并非所有具备开拓性的意识活动都是创新思维，开拓性是以满足人类生存发展需要而建立的，才能视为创新思维。

三是创新思维应具有阶段性，创新思维的成功点是阶段提升。根据认知心理学，创新思维的阶段性是指可将创新思维划分为不同阶段。按照华莱士的经典分法，创新思维可以分为准备阶段、酝酿阶段、明朗阶段和验证阶段。

① 邓小平：《邓小平文选》第三卷，人民出版社 1993 年版，第 41 页。

② 习近平：《在省部级主要领导干部学习贯彻十八届五中全会精神专题研讨班开班式上的重要讲话》2016 年 1 月 18 日。

在准备阶段，由于问题所起到的导向作用，可以通过扩大有利于解决问题的信息面，进而有助于找到解决问题的突破口。酝酿阶段通常紧随在准备阶段之后发生，也可能与准备阶段同时出现，在时间上往往会出现间断的特点，有些想法甚至会反复地出现。明朗阶段是当酝酿阶段达到了顶点，在解决问题上出现了豁然开朗或者顿悟的状态。经过了明朗阶段，还需要在验证阶段对创新成果进行检验、补充和修正，以及进行伦理、价值的检验。[①]

四是创新思维应具有可塑性，创新思维的循环点是精神传承。创新思维的可塑性是指创新思维可以后天塑造，通过对创新头脑、心理的了解和干预，运用改善环境、积累经验、后天学习、习惯行为来培养、挖掘创新思维。瑞士心理学家皮亚杰对儿童思维发展进行研究，总结出感知运动、前运算、具体运算和形式运算四个阶段，他肯定了生物因素和社会因素都可以影响创新思维的塑造，同时也提出可以通过举例子、提问、对比、重组等方式对创新思维塑造。因此，要塑造创新思维，先形成良好的创新环境，再通过创新环境反过来影响创新思维，实现创新精神的传承，进而把握创新思维塑造的契机。

二、坚持创新思维的重大意义

纵观我们党的发展历史，从党的诞生到马克思主义中国化，从浴血奋战的革命战争到中国特色社会主义道路，从中华民族富起来到新时代发展新方位，无不体现我们党运用创新思维解决现实工作需要，运用创新思维破解党的建设难题，运用创新思维适应时代发展变局。可以说，中华民族的发展史与创新思维密切相关，中华民族的奋斗史是创新思维具体体现。因此，坚持创新思维对现实工作、党的建设、时代发展具有重大的意义，具体来说：

（一）有利于解决现实工作需要，提升党员干部工作能力

党员干部解决现实问题的效率性，解决现实问题的效益性，是党员干部履职的评判标准，也是党员干部工作能力的最好体现。如果把党员干部的工

① 华莱士：《思想的艺术》，中华书局出版社 2003 年版。

作能力比作一艘“航船”，那么创新能力就是重要的“推进器”。当前，社会发展多元化，公共安全事件频发，受新冠肺炎疫情常态化影响经济发展举步维艰，党员干部面临的现实工作问题变得错综复杂，任务艰巨，困难和风险众多，仅靠常规的、固化的工作模式已经越来越不适应，社会发展对党员干部工作能力要求的提高已是大势所趋，而创新思维则为党员干部提供了更为广阔的域境。创新思维是刺破党员干部工作困境的“利矛”，在工作需求和个人能力提高的双重要求下，提升党员干部能力紧跟时代发展步伐，发现现实工作新需求提升工作满意度，引导社会发展新风尚促进良性发展，无不需要党员干部在现实工作中积极运用创新思维，在党员干部用创新思维，改变陈旧模式化的工作方式，跳脱出现今工作环境困境的过程中，考验党员干部个人能力，成就党员干部个人独特魅力的领导力。

（二）有利于破解党的建设难题，使党永葆青春卓然前行

党的建设问题是历代国家领导人工作关注重点，从毛泽东同志将坚持全心全意为人民服务作为党的根本宗旨，到邓小平同志的“从严治党”，江泽民同志“三个代表”重要思想的提出，再到胡锦涛同志的“增强全党忧患意识”，特别是当今习近平总书记对新时代党的建设相关工作的重要指示要求，都体现了与时俱进建设党、与时俱进提升党的殷切希望。党建问题关系着党能否代表中国先进生产力发展要求，能否代表中国先进文化发展方向，能否代表中国最高广大人民的根本利益，如何同时代接轨与时俱进建设党，同人民需求接轨与时俱进建好党。面对党的建设这一“常建常新”的特征，创新思维的运用则有利于破解党的建设难题，根据客观实际情况认识党新时代责任、赋予党新时代能力是创新思维的应有之义。运用创新思维将新时代的党建要求融于党员的个人生活中、党组织的建设中、党的发展目标中，促进基层党建更好更快落实，用创新思维发现党建难题，用创新思维开创党建新方式，在党的建设学科体系完善的过程中，不断创新党的理论，创新党的基层组织建设，创新党员干部的工作方式方法，将创新思维刻进党的基因里。因此，运用创新思维破解党的建设难题，不但是历史发展给予我们的宝贵经验，也是新时代党的建设必由之路。

（三）有利于适应时代发展变局，与时俱进应对国际竞争

当前，我们面临着“世界百年未有之大变局”。时代发展进入了新时期，国家间经济贸易摩擦逐步升级，外部势力挑动不断，区域冲突时有发生，科学技术发展利弊难辨，时代发展从没有现今之迅速，稍有懈怠则会瞠乎其后。与此同时，国际关系错综频变，利益关系敏感复杂，在时代发展大局中保持清醒的头脑、长远的眼光变得更为难得。树立积极应对的昂扬姿态，拥有审时度势的锐利眼光，明确进入“新时代”历史方位，保持适应时代发展变局的态度，形成与国际环境相适应的竞争力，是我国进入现代化强国的关键，直接关系我们实现中华民族伟大复兴“中国梦”。理解创新思维与适应能力的关系，运用创新思维适应时代发展变局，与时俱进地应对国际竞争力是融入发展大局的捷径。运用创新思维打磨锐利的眼光，识别时代真正的发展方向，采用多样的创新方式，迎接新时代的挑战和变局，成为与时代要求相符的创新引领者，是创新思维的意义所在。

【延伸阅读】

创新思维探索“革命出路”

1930 年上半年，全国红军已发展到十几个军，约 7 万人，在十几个省的 100 多个县境内建立了十几个革命根据地。从 1929 年到 1930 年，处在农村武装斗争第一线的毛泽东，从中国国情出发，总结各根据地的斗争经验，提出了中国革命要“以农村为中心”的思想。

然而，当时党内仍有相当一些人继续坚持中国革命要以城市武装起义为中心的观点，即“城市中心论”。他们照搬巴黎公社和“十月革命”的经验，认为不应当把党的工作重点由城市转入农村，不愿意在革命高潮到来之前做建立政权的艰苦工作，而希望用比较轻便的流动游击方式去扩大党和红军的政治影响，等到全国各地争取群众的工作做好了，或做到某个地步了，然后再来一个全国性武装起义，一举夺取全国政权。

在毛泽东、朱德等领导创建湘赣革命根据地（即井冈山根据地）、中央革命根据地的同时或稍后，各地党组织也把在武装起义和农村游击战争中发展

起来的革命武装逐步发展成为红军第二方面军、第四方面军及其他许多红军部队，先后建立了湘鄂西、鄂豫皖、闽浙赣、湘鄂赣、左右江、川陕、陕甘、琼崖、海陆丰、湘鄂川黔等革命根据地。周恩来等同志把毛泽东、朱德等创建湘赣和中央革命根据地的成功经验，通报给各地党组织，对许多地方的红军和农村革命根据地的建立、巩固和发展，起到了指导和启发作用。

——选自中国军事百科全书编审室：《中国大百科全书·军事》，中国大百科出版社，2007 年。

第二节　中国共产党运用创新思维的实践历程

中国共产党、中国共产党人始终秉承着实践是检验真理的唯一标准，运用创新思维指导实践，在实践过程中检验创新可行性，是我们党能够披荆斩棘开创中国特色社会主义道路的思维法宝。分析党的十八大之前运用创新思维的实践，学习进入新时代党运用创新思维的实践，有助于党员干部理解创新思维，有助于党员干部运用创新思维。

一、十八大之前党运用创新思维的探索实践

党的十八大之前，我们党运用创新思维实现了新民主主义革命时期的民族独立、人民解放，实现了社会主义革命和建设时期的制度确立和社会建设，实现了改革开放时期的快速发展和现代化建设。感悟十八大之前党运用创新思维的实践真谛，我们可以从中体验艰难中求新、困境中创新的中华民族奋斗历程。

（一）新民主主义革命时期

新民主主义革命时期，党领导广大军民推翻国民党反动政府，推翻帝国主义、封建主义、官僚资本主义三座大山，取得了抗日战争最后胜利。在革命斗争中，党着重从思想上建党，坚持理论联系实际，建设了全国范围的、广大群众性的、思想上政治上组织上完全巩固的马克思主义政党。

一是革命思想创新。1921 年，中国共产党第一次全国代表大会宣告了中国共产党正式成立，拥有先进思想的中国共产党开始传播马克思主义，践行革命初心与使命，开启了中华民族革命思想的新篇章。在革命斗争中，以毛泽东同志为主要代表的中国共产党人，把马克思列宁主义基本原理同中国具体实际相结合，对经过艰苦探索、付出巨大牺牲积累的一系列独创性经验作了理论概括，创立了毛泽东思想，为夺取新民主主义革命胜利指明了正确方向。这一时期，我们实施和推进党的建设伟大工程，提出着重从思想上建党的原则，坚持民主集中制，坚持理论联系实际、密切联系群众、批评和自我批评三大优良作风，形成统一战线、武装斗争、党的建设三大法宝，在思想上统一和团结全党。

二是革命道路创新。事实证明，在当时的客观条件下，中国共产党人不可能像俄国十月革命那样通过首先占领中心城市来取得革命在全国的胜利，党迫切需要找到适合中国国情的革命道路。从进攻大城市转为向农村进军，是中国革命具有决定意义的新起点。毛泽东同志领导军民在井冈山建立第一个农村革命根据地，党领导人民打土豪、分田地。1945 年《论联合政府》的报告中，毛泽东同志明确提出中国革命两步走，指出“只有经过民主主义，才能达到社会主义，这是马克思主义的天经地义。”①党领导的人民军队在人民支持下，探索出适合中国国情的革命道路，为夺取新民主主义革命胜利建立了历史功勋。

（二）社会主义革命和建设时期

社会主义革命和建设时期，经历了艰辛探索、开基立业的社会主义建设实践过程，历经了“破旧”与“建新”的飞跃，实现从新民主主义到社会主义的转变，进行社会主义革命，推进社会主义建设，为实现中华民族伟大复兴奠定了根本政治前提和制度基础。

一是社会主义建设思想创新。在这个时期，毛泽东同志提出把马克思列宁主义基本原理同中国具体实际进行“第二次结合”，以毛泽东同志为主要代

① 毛泽东：《论联合政府》，人民出版社 1953 年版，第 25 页。

表的中国共产党人，结合新的实际丰富和发展毛泽东思想，提出关于社会主义建设的一系列重要思想，包括社会主义社会是一个很长的历史阶段，严格区分和正确处理敌我矛盾和人民内部矛盾，正确处理我国社会主义建设的十大关系，走出一条适合我国国情的工业化道路，尊重价值规律，在党与民主党派的关系上实行“长期共存、互相监督”的方针，在科学文化工作中实行“百花齐放、百家争鸣”的方针等。这些独创性理论成果至今仍有重要指导意义。[①]

二是社会制度创新。1949 年中华人民共和国成立后，党围绕社会主义国家建设这一核心，在多领域创造性开展社会制度建设。在政治制度方面，党领导确立人民代表大会制度、中国共产党领导的多党合作和政治协商制度、民族区域自治制度，为人民当家作主提供了制度保证。在经济制度方面，完成对生产资料私有制的社会主义改造，基本上实现生产资料公有制和按劳分配，建立起社会主义经济制度。在外交制度方面，党坚持独立自主的和平外交政策，倡导和坚持和平共处五项原则，坚定维护国家独立、主权、尊严。社会主义制度的建立，为我国一切进步和发展奠定了重要基础。

（三）改革开放和社会主义现代化建设新时期

改革开放和社会主义现代化建设新时期，继续探索中国建设社会主义的正确道路，解放和发展社会生产力，以理论创新引领事业发展，把全党的注意力转移到发展上来，激发了人民的创造性、积极性、主动性，为人民摆脱贫困、尽快富裕创造了物质条件。

一是开创中国特色社会主义。党的十一届三中全会以后，以邓小平同志为主要代表的中国共产党人，团结带领全党全国各族人民，深刻总结新中国成立以来正反两方面经验，围绕什么是社会主义、怎样建设社会主义这一根本问题，借鉴世界社会主义历史经验，创立了邓小平理论，解放思想，实事求是，作出把党和国家工作中心转移到经济建设上来、实行改革开放的历史性决策，深刻揭示社会主义本质，确立社会主义初级阶段基本路线，明确提

---

① 中共中央关于党的百年奋斗重大成就和历史经验的决议（2021 年 11 月 11 日中国共产党第十九届中央委员会第六次全体会议通过），中华人民共和国中央人民政府网，2021 年 11 月 16 日。

出走自己的路、建设中国特色社会主义，科学回答了建设中国特色社会主义的一系列基本问题，制定了到二十一世纪中叶分三步走、基本实现社会主义现代化的发展战略，成功开创了中国特色社会主义。[①]

二是成功把中国特色社会主义推向前进。党的十三届四中全会以后，以江泽民同志为主要代表的中国共产党人，加深了对什么是社会主义、怎样建设社会主义和建设什么样的党、怎样建设党的认识，形成了“三个代表”重要思想，确立了社会主义市场经济体制的改革目标和基本框架，确立了社会主义初级阶段公有制为主体、多种所有制经济共同发展的基本经济制度和按劳分配为主体、多种分配方式并存的分配制度，成功把中国特色社会主义推向二十一世纪。实现社会主义现代化，需要一代代共产党人接续奋斗。党的十六大以后，以胡锦涛同志为主要代表的中国共产党人，深刻认识和回答了新形势下实现什么样的发展、怎样发展等重大问题，形成了科学发展观，强调坚持以人为本、全面协调可持续发展，成功在新形势下坚持和发展了中国特色社会主义。

二、进入新时代党运用创新思维的具体实践

党的十八大以来，中国特色社会主义进入新时代。以习近平同志为主要代表的中国共产党人，坚持把马克思主义基本原理同中国具体实际相结合、同中华优秀传统文化相结合，从新的实际出发，创立了习近平新时代中国特色社会主义思想，这是党对中国特色社会主义建设规律认识深化和理论创新的重大成果。

（一）党的理论蕴含的创新思维

党的二十大报告指出，实践没有止境，理论创新也没有止境。不断谱写马克思主义中国化时代化新篇章，是当代中国共产党人的庄严历史责任。中国特色社会主义新时代是我国发展新的历史方位。以习近平同志为核心的党

① 中共中央关于党的百年奋斗重大成就和历史经验的决议（2021 年 11 月 11 日中国共产党第十九届中央委员会第六次全体会议通过），中华人民共和国中央人民政府网，2021 年 11 月 16 日。

中央统筹把握中华民族伟大复兴战略全局和世界百年未有之大变局，提出新时代中国特色社会主义的新目标、新矛盾、新方略。

一是中国特色社会主义的新目标。坚持和发展中国特色社会主义，总任务是实现社会主义现代化和中华民族伟大复兴，在全面建成小康社会的基础上，分两步走在本世纪中叶建成富强民主文明和谐美丽的社会主义现代化强国，以中国式现代化推进中华民族伟大复兴。全面建设社会主义现代化国家，前途光明，任重道远。党的二十大报告明确指出，全面建成社会主义现代化强国，总的战略安排是分两步走：从二〇二〇年到二〇三五年基本实现社会主义现代化；从二〇三五年到本世纪中叶把我国建成富强民主文明和谐美丽的社会主义现代化强国。这为新时代新征程全党全国各族人民团结奋斗指明了方向。

二是中国特色社会主义的新矛盾。社会主要矛盾是个十分重大的理论和实践问题。时代变了，社会主要矛盾也随之发生变化。习近平总书记在党的十九大报告指出，中国特色社会主义进入新时代，我国社会主要矛盾已经转化为人民日益增长的美好生活需要和不平衡不充分的发展之间的矛盾。我国社会主要矛盾的变化，是关系全局的历史性变化，对党和国家工作提出了许多新要求，但没有改变我们对我国社会主义所处历史阶段的判断。新的征程上，必须紧紧围绕社会主要矛盾推进各项工作，坚持以人民为中心的发展思想，发展全过程人民民主，推动人的全面发展、全体人民共同富裕取得更为明显的实质性进展。

三是中国特色社会主义的新方略。党的十九大报告指出，坚持党对一切工作的领导、坚持以人民为中心、坚持全面深化改革、坚持新发展理念、坚持人民当家作主、坚持全面依法治国、坚持社会主义核心价值体系、坚持在发展中保障和改善民生、坚持人与自然和谐共生、坚持总体国家安全观、坚持党对人民军队的绝对领导、坚持“一国两制”和推进祖国统一、坚持推动构建人类命运共同体、坚持全面从严治党，这十四条构成新时代坚持和发展中国特色社会主义的基本方略。“十四个坚持”具体谋划了怎样坚持和发展中国特色社会主义，在实践层面回答了“怎么办”的问题，是贯彻落实习近平新时代中国特色社会主义思想的实践要求。

（二）党的建设蕴含的创新思维

党的十八大以来，习近平总书记根据新的实践要求，着眼建设更加强大的马克思主义政党，遵循全面从严治党的自身规律，提出了一系列新思想新观点新论断，党的自我净化、自我完善、自我革新、自我提高能力显著增强，我们这个拥有9600多万名党员的马克思主义政党更加团结统一。

一是习近平总书记明确提出"党的自我革命"重大命题，为中国共产党跳出治乱兴衰历史周期率找到了第二个答案。进入新时代，以习近平同志为核心的党中央继承和发展马克思主义建党学说，形成了关于党的自我革命的丰富思想成果。勇于自我革命是中国共产党区别于其他政党的显著标志。习近平总书记强调，勇于自我革命，是我们党最鲜明的品格，也是我们党最大的优势。越是长期执政，越不能忘记党的初心使命，越不能丧失自我革命精神。我们党历经百年沧桑更加充满活力，其奥秘就在于始终坚持真理、修正错误。新的征程上，只要我们党继续勇于自我革命，不断清除一切侵蚀党的健康肌体的病毒，就一定能够确保党永远不变质、不变色、不变味。

二是习近平总书记明确提出"党的政治建设是党的根本性建设"的重大论断，要求"以党的政治建设为统领""把党的政治建设摆在首位"，凸显了新时代加强党的政治建设的极端重要性和紧迫性。政治问题，任何时候都是根本性的大问题。政治属性是政党第一位的属性，政治建设也是政党建设第一位的要求。党的政治建设决定党的建设方向和效果。"保证全党服从中央，坚持党中央权威和集中统一领导，是党的政治建设的首要任务。"习近平总书记的一系列重要论述深刻回答了新时代为什么要加强党的政治建设、如何加强党的政治建设等重大问题，把我们党对自身建设规律的认识提到了新高度，为发展马克思主义党建理论作出了原创性、时代性贡献。

三是习近平总书记要求干部特别是年轻干部提高七种能力，为新时代加强干部能力建设指明了方向。不同的时代对领导干部能力的具体要求是不一样的。中国特色社会主义进入新时代，显然对各级领导干部的能力提出了新的更高的要求。习近平总书记在2020年秋季学期中央党校（国家行政学院）

中青年干部培训班开班式上发表重要讲话指出："面对复杂形势和艰巨任务，我们要在危机中育先机、于变局中开新局，干部特别是年轻干部要提高政治能力、调查研究能力、科学决策能力、改革攻坚能力、应急处突能力、群众工作能力、抓落实能力，勇于直面问题，想干事、能干事、干成事，不断解决问题、破解难题。"提高七种能力是以习近平同志为核心的党中央，对建设一支忠诚干净担当的高素质干部队伍作出的重大战略部署，需要各级领导干部深刻学习领会并在工作中一以贯之。

【延伸阅读】

创新改变梁家河

1974年1月，习近平当选为大队党支部书记。他一直琢磨着如何能改变梁家河面貌，改善村民们的生活质量。一天，习近平在《人民日报》看到四川大办沼气的报道。他赶到四川学习考察，回来后开始着手试验办沼气。然而，难题一个接着一个，远比想象的多。

村民的院落都是打窑洞时用土填起来的，土壤松软，不适宜挖沼气池，池子在哪里建？沼气池的池盖对石板的厚度和整体性要求很高，梁家河没有，怎么办？村里村外的路蜿蜒狭窄，运送水泥沙石的架子车没法走，材料怎么运？习近平一个一个地解决难题。经过反复测量，试验池最后选在了知青居住点旁边，这里的土壤密度相对要大一些。没有石头，习近平带人在烂泥滩里铲去一米多厚的土层，挖出了石头。他还带着几个青年去村外挖沙子，一袋一袋往回背，背上磨破了皮，没人喊一声累。

在习近平的执着努力下，梁家河的沼气池终于建成了。这也成为了陕西第一口沼气池。多年后，习近平回忆这段经历时说："第一口池子是颇费功夫的，一直看到这个沼气池两边的水位在涨，但就是不见气出。最后一捅开，溅得我满脸是粪，但是气就呼呼地往外冒。我们马上接起管子后，沼气灶上冒出一尺高的火焰。"

——选自中国青年网：《青年习近平的奋斗故事》，中央广播电视总台央视新闻，2020年。

第三节　党员干部提高创新思维能力的基本要求

党员干部是干事创业的主力军，是国家和社会事业发展的引领者。党员干部把握提高创新思维能力的基本要求，不仅是党员干部对工作能力提升的自我要求，也是国家发展对党员干部提出的新标准。

一、枕典席文，涵养创新底蕴

党员干部提高创新思维能力，要积蓄自身文化素养。书籍是人类思想的结晶，读书就是在与优秀思想对话，从不同的优秀思想中提炼创新思维。通过熟读历史优秀经典，培育创新文化底蕴；精读党的思想原著，形成富有党性的创新思维；研读党的时代新作，理解新时代创新思维运用方向。在历史经典、思想原著、时代新作的氤氲滋润下涵养创新底蕴。

（一）熟读历史优秀经典

历史优秀经典闪烁着创新的光辉，创新思维深藏于历史优秀经典的字里与行间，呈现于历史优秀经典创作者的思索与顿悟。党员干部要熟读历史优秀经典，品味创新思想之精。

一是熟读中华民族历史优秀经典。党的二十大报告指出，中华优秀传统文化得到创造性转化、创新性发展，文化事业日益繁荣。中华民族自古以来就是一个积极创新、崇尚创新的民族，中华民族的历史典籍中饱含着对创新的重视，将培养创新思维的希冀写进文章中。早在《先秦散文·荀子·劝学》中就有关于创新的表述，“青，取之于蓝而青于蓝。冰，水为之而寒于水。”创新源于继承，在继承的过程中发展创新的主张，缺乏继承的创新如水中浮萍毫无根基，最后只会落入随波逐流的下场。正是中华民族拥有灿若繁星的历史优秀经典，才给我们以思想的启蒙和顿悟，有了不断创新和求索的底气，从而保证文化发展向上向好。

二是熟读国外优秀经典著作。国外也有很多的经典著作中蕴含着创新思维。比如，管理学科开创者彼得·德鲁克在《创新与企业家精神》中提出“创新是企业家的标志”，揭示了企业家该如何创新，并影响到西方国家政府学习企业家创新精神。虽然在意识形态领域我们与西方国家有根本性区别，但却可以去粗取精，西方经典管理思想和理论一般都是在资本主义发展过程中得到提炼，所总结出的高效管理方法具有一定的共性和普遍适用性。经典著作中蕴含的创新思维给人民提供了认知世界和改变世界的新视角，在此基础上，才使得世界经济社会不断走向更高层次。

（二）精读党的思想原著

党员干部的创新思维是要富有党性的，要符合党的精神内涵。党员干部要精读党的思想原著，在领悟党的厚重思想的过程中，培育富有党性的创新思维。

一是精读《共产党宣言》。马克思和恩格斯合著的《共产党宣言》是无产阶级政党的第一个党纲，1920年中文译本的诞生点燃了中华民族的希望，其思想催生了中国共产党的成立，滋养了代代中国共产党人，不同时期的领导人都对它作出了高度评价。毛泽东同志曾说过：“《共产党宣言》我看了不下一百遍，每阅读一次，我都有新的启发。”[①]邓小平同志认为自己的入门老师是《共产党宣言》和《共产主义ABC》。习近平总书记更是深刻指出，如果心里觉得不踏实，就去钻研经典著作，《共产党宣言》多看几遍。可见，《共产党宣言》中蕴含的智慧如渊，思想厚重，同时也点明了党员干部学习《共产党宣言》的重要性。正是我们确立和坚持马克思主义的指导地位，才使得中国特色社会主义在前进中不断发展。

二是精读各时期领导人著作。在马克思主义中国化的过程中，各时期的领导人结合中国实际情况，书写了一列思想著作，体现出不同时期中国实际，是党员干部掌握和了解中国革命和发展的重要途径。毛泽东同志结合中国革命时期的特点，运用创新思维对中国革命特征、中国革命道路进行分析，如《中国社会各阶级的分析》等文章著作，体现了如何运用创新思维解决当时中

① 孙建呐，学史明理重在领悟理论真谛，解放军报，2021-10-18。

国革命问题。《邓小平文选》《江泽民文选》《胡锦涛文选》则是体现了中华民族走上中国特色社会主义道路过程中所展现的创新思维，是国家发展史的缩影，值得党员干部阅读和思考。

（三）研读党的时代新作

党的时代新作代表了国家发展方向，党员干部要以时代新作为工作指引，在研读时代新作更新观念的同时，明确自己要创新的方向，寻求创新的方式方法。

一是要研读阐述国家发展重点的新作。习近平总书记在诸多文章著作中阐述了国家发展的重点。习近平总书记在《把握新发展阶段，贯彻新发展理念，构建新发展格局》中指出，我国发展进入新阶段，面对新形势、承担新任务，明确党员干部如何开展工作；在《习近平关于全面深化改革论述摘编》中详细阐述了全面深化改革各项举措，党员干部可以掌握改革的目标任务和改革途径；在《全党必须完整、准确、全面贯彻新发展理念》一文中，系统整理了习近平总书记关于"五位一体"总体布局的详细阐述，有助于党员干部全面深化认识新发展理念。所以说，研读时代新作就是在研读国家发展经脉、国家发展方向。

二是要研读国家具体建设方面的新作。习近平总书记在国家具体建设方面也有诸多论著，为各行各业的党员干部推进工作提供了根本遵循。军队建设方面，有《习近平关于深化国防和军队改革重要论述摘编》等著作，对国防和军队建设进行了创新性论述及深化改革；脱贫攻坚方面，有《习近平扶贫论述摘编》；环境保护方面，有《绿水青山也是金山银山》；农村建设方面，有《习近平关于"三农"工作论述摘编》等。习近平总书记对新时期各领域发展的相关著作，体现了与时俱进创新思维在国家发展中的作用，党员干部应研读其文章著作，转变工作方式、思维方式，运用创新思维、创新方法解决工作中的问题。

二、析微察异，培养创新意识

创新意识的培养不是一蹴而就，培养创新意识要从党员干部工作着手，通过思考工作中的“小事”培养发现问题敏感性，琢磨工作中的“常事”保持创新态度，思索工作中的“难事”激发创新思维，提高党员干部攻坚克难的应变能力。

（一）思考工作中的“小事”

“天下难事，必作于易；天下大事，必作于细。”（《老子·道德经·第六十三章》）培养党员干部的创新意识，首先要培养党员干部思考工作中的“小事”。

一是要保持对“小事”的敏感性。从古至今有很多创新思维的激发源于人们对生活“小事”的思考。如鲁班进入深山砍树途中，发现野草叶子两边锋利的齿，因而发明了有着齿一样的工具——锯子。生活中的“小事”往往看似平平无奇、司空见惯，其实可能蕴含“大道理”，对于用心之人就会因思考而触发灵感，多思考工作中的“小事”，就可能在灵光闪现的刹那，迸发出闪耀的创新。理论的创新和实践的创新都离不开对事物本质和表象的感知，只有深入其中去思考才能产生“破茧而出”的成效。

二是政策制定要关注“小事”。政策的制定和改变有时也源于工作中对“小事”的思考。如习近平总书记在考察时，喜欢从“小事”着手，2019 年在重庆石柱土家族自治县调研时，他摸被褥的厚实程度，察看粮食储存情况，问了问医疗补助多少等农民生活“小事”，得出了新型考验政策的方式，即百姓对政策的体验是政策是否坚持标准。说到底，政策制定的是否合理，最终取决于人民是否认可。同时制定政策要立足实际，切不可“想当然”地拍脑袋，要在充分调查研究的基础上，广泛听取人民的意见，多数政策都是关系人民切身利益，都是解决人民生活中的“小事”，要真正做到好心办好事，增强政府的公信力。

（二）琢磨工作中的“常事”

生活中习以为常的事情，往往容易让我们忽略，高尔基曾说过，保守是舒服的产物。如果对身边的事情习以为常，就会落入思维的舒适圈，逐渐丧失创新意识，因此要保持琢磨工作中“常事”的态度。

一是要打破常规思维。打破常规思维应该是党员干部必备的能力。任何事物都不是一成不变的，正所谓，世界上唯一不变的就是变化，用常规思维去处理发展的事情，难免不合时宜，需要不断推陈出新。如袁隆平进行了长期的杂交水稻育种研究，通过理论和实践等研究方法提出“不育系、持续系、恢复系”的三系法得到了该领域专家们的认可，但其未停止思考，在发现野生稻后，创新提出了三系法品种间杂种优势利用、两系法亚种间杂种优势利用到一系法远缘杂种优势利用的设想，获得了“杂交水稻之父”的美誉。

二是要保持琢磨“常事”的态度。党员干部要经常琢磨工作中的“常事”，并在琢磨的过程中激发创新意识，发挥创新思维的作用。如习近平总书记将调查研究作为工作中的“常事”，2016 年 5 月，在黑龙江调研时，面对冰天雪地这一东北“常态”，他提出“绿水青山是金山银山，冰天雪地也是金山银山”，为东北地区新的经济增长点和生态发展指明了道路，这种时常琢磨国家“常事”的工作态度，寻找问题、发现问题的创新意识，党员干部要以其为榜样，勤看勤学，忠诚实践。保持这种琢磨“常事”的关键在于党员干部要有干事创业的态度，真心热爱自己所从事的工作，在琢磨研究中寻找工作的价值和意义，切忌将习惯变成规矩，将“得心应手”变成理应如此，因懈怠而懒于突破创新。

（三）思索工作中的“难事”

工作中的“难事”最能考验党员干部的应变能力。创新思维往往是在苦思冥想的那一瞬间迸发，遇见困难要迎难而上，勤考察难题的现状，勤探索难题的出路，在攻坚克难的过程中激发创新思维。

一是要跳出难题找寻关键。找寻工作中“难事”的解决办法不是盲目“死磕到底”，而应跳出“难题”看到整件事情全貌，找寻事件的关键点，明白关键部分对整体的决定性作用。如四川省成都市锦江区的党建就很好地体现了这一点，锦江区存在经济发展高地和城市党建发展严重不平衡，在面对党建工作困难时，采用跳出党建看党建的方式，抓住了商圈党建难题解决的关键，用“开门见山”亮旗帜和集团主体共作战的方法解决了党建工作中的难题。通过正确的方法寻找工作中难题的关键点，是突破解决难题的核心所在，就如陈云同志说的，要抓住一头牛就要抓住牛尾巴，看问题不能只看眼前的得失，要立足大局，用创新思维去解决难题。

二是要理清脉络系统思考。理清脉络系统思考的首要是找到事情主线，面对工作中“难事”应有系统思维，只有了解“难事”的发展过程，系统分析各个环节的情况，逐一击破各个独立的小问题，方能实现“难事”的最终解决。如广西壮族自治区贵港市通过采用“先锋宣言”作为行动纲领，将党的领导贯穿发展的全过程中，持续组织开展“集结号”行动实现创建目标，最终创建近100个“先锋集结号”，创新地将学习教育、研究调查、发现问题、整改贯彻串联起来，实现市区内产值增加，财政收入增长。可以看出，解决“难事”既要围绕一个既定的主线或目标，又要秉持系统思维，将各个“难题”视为一台机器上的部件，通过分解重组来使得机器重新运转，如果各部件的功能增强，那么整台机器也就自然提速增效了。

三、因事制宜，善用创新方法

党员干部要在扩充思考内容、规范思考流程、持续思考改进的过程中择优法而善用。头脑风暴法可以激发思维共振、引起连锁思考、扩充思考内容；六顶帽子思考法可以理顺创新思维阶段规范思考流程；奥斯本检核表法可以引导思考态度改进创新思维方式。

（一）头脑风暴法

党员干部可以运用头脑风暴法扩充思考内容，通过刺激创新思维发散增加创新内容，实现创新量的增长，并根据客观进行取舍。

一是头脑风暴法的含义。头脑风暴法是一种激发性思维方法，是指解决问题群体运用脑力，针对某一解决问题采用创造性思考的方式，在一定时间内提出大量构想的方法，通常不考虑构想的可行性。头脑风暴法可以分为两种形式，一是直接头脑风暴法，即专家群体决策引发思维共振，尽可能激发创造出尽可能多的想法；二是反头脑风暴法，即对直接头脑风暴法提出的构想、方案一一质疑，探讨其现实是否具有可行性。头脑风暴法的实施过程如下，首先，根据学科背景或工作背景等挑选5—15个背景不同的人，其次，营造各抒己见、相互启发的思考氛围，促使创造性思想迸发，最后，将这些新想法、新创意记录下来并探讨其可行性。

二是头脑风暴法的适用范围。头脑风暴法一般适合能对所讨论的问题进行客观、连续的分析，在反复商议、筛选、排除不合适的方案后，最终找到一组切实可行的方案。但不可忽视的是头脑风暴法实施的时间成本、费用成本等相对较高，并且对参与头脑风暴法人员的素质有一定的要求，这些因素的满足程度会直接影响头脑风暴法的具体实施效果。党员干部可以在较重要的工作上使用头脑风暴法或用头脑风暴法提供参考性意见，如基层自治组织的议事环节，城镇社区共享共建的过程中，民事政策制定的过程中，等等，聘请专业工作者组成专家团队，根据实际情况尝试采用头脑风暴法，制定适合本地情况的创新方案、政策。

（二）六顶帽子思考法

党员干部可以运用六顶帽子思考法规范思考流程，通过理顺创新思维阶段提高创新质量，促使创新质的飞跃，实现整体成员创新思维的提升。

一是六顶帽子思考法的含义。六顶思考帽是指通过用六种不同颜色的帽子代替六种不同思维，白色帽子代表客观思维，绿色帽子代表想象思维，黄色帽子代表价值思维，黑色帽子代表质疑思维，红色帽子代表感性思维，蓝色帽子代表管理思维。六顶帽子思考法是由爱德华·德·博诺提出的一种创新思维训练模式，或者为全面思考问题而构建的模型。六顶帽子思考法强调的是“能够成为什么”而不是“本身是什么”，他为“平行思维”提供了工具，避免了因互相争执而产生的时间浪费，理顺思考过程，清晰了思考目的，变“团体中无意义的争论”为“集思广益的创造”，防止成员落入争论谁对谁错的思考陷阱，促使每个人走上思维富有创造性的道路。

二是六顶帽子思考法的适用范围。六顶帽子思考法是一种可以学习且领域覆盖广泛的思考方法，可以在党员干部的工作会议、重大决策、日常沟通、业务报告等工作中发挥作用，理顺党员干部思考流程、提高工作效能。党员干部运用六顶帽子思考法一般应用步骤如下，白帽（陈述问题）—绿帽（提出方案）—黄帽（评估方案优点）—黑帽（列举方案缺点）—红帽（直觉判断方案）—蓝帽（总结陈述决策）。具体来讲，“白色思考帽”用来收集问题，

"绿色思考帽"用来提出建议，"黄色思考帽"和"黑色思考帽"用来分析各个方案优劣，"红色思考帽"用来筛选问题，"蓝色思考帽"用来控制思考过程，根据客观情况随时调换思考帽。党员干部在工作中可以运用六顶帽方法理顺思考顺序，排列观点寻找解决之道。

（三）奥斯本检核表法

党员干部可以运用奥斯本检核表法改进思维方式，通过引导思考者态度寻求思考方式改进，促使创新持续改进，实现创新思维持续提升。

一是奥斯本检核表法的含义。奥斯本检核表法是《创造性想象》的作者亚历克斯·奥斯本提出的一种激发创新思维的方法。该方法是以某种特定要求为基础制定检核表，通过引导主体思考问题，在多向发散思考的过程中，丰富思考者角度、思维目标，启迪思考者开拓思路。在检验思考的时候提供了创新的最基本思路，大部分人总是以习惯思维自觉或不自觉地沿着自身范式去思考问题，难以敏锐地发现问题，或者即便发现问题也因懒惰不进一步思考，缺乏积极的思考态度，检核表法用多条提示引导，促使思考者顺着创新提示的目标方向去思考。此创新方法有利于提高创新发现的成功率，帮助思考者突破心理障碍，打破陈旧的思维框架，开辟新的思维道路。

二是奥斯本检核表法的适用范围。奥斯本检核表法可以改进党员干部的具体化思考问题角度，通过产生原创型创意或引进原理产生原创性的创意，从而产生大量的原始思路或者原始创意的情况。总体来说，奥斯本检核表法就是通过引导思考者思考，以达到通过变化寻求改进，其最核心思想是"改进"。具体实施步骤为：一是明确创新对象需要解决的问题；二是列出要解决问题，强制核对讨论；三是挑选出最有价值和创新性的设想。随着社会发展进步，党员干部的工作能力和思维方式也相应提高，党员干部在工作中可以利用奥斯本检核表法，在解决问题时不妨换一个角度，顺着检核项目的思路来求解问题，这样可以求得比较周密的思考。

四、破旧立新，勇于创新改革

破旧方能立新，改革就是在破旧立新的过程。党员干部要将创新思维落到实处，将创新思维融于国家改革洪流之中，提高党员干部创新思维能力，应坚持创新改革思想，不断打破思想局限；敢于尝试勇于实践，强化创新变革魄力；秉承初心精进不休，不断与时俱进再创新高。

（一）坚持创新改革思想

思想决定行动。党员干部要坚持创新改革思想，从思想上认识到创新改革的重要性，才能推进下一步行动的开始。创新改革是推进国家各项事业发展的重要动力，党员干部要创新改革首先应该在思想上形成统一。

一是培养党员干部创新改革的思想意识。习近平总书记强调："因循守旧没有出路，畏缩不前坐失良机。改革开放的过程就是思想解放的过程。"① 思想是行动的先导，党员干部应懂得运用创新思维提升工作能力，树立创新改革的思想，打破思维定式、思想藩篱，推动改革思想为创新"破局"先导，以思想大解放推进大发展。党员干部坚持创新的改革思想，首先要有强烈的机遇意识，风险往往与机遇并存，新冠疫情使经济发展受到冲击、人民生命安全受到威胁，但也促生了基层治理的新方法、信息技术更为广泛运用的新局面；其次要有积极的争先意识，梁启超在《二十世纪太平洋歌》中写道："物竞天择势必至；不优则劣兮不兴则亡。"党员干部应时刻保持积极的争先意识，才能在竞争中脱颖而出。

二是强化党员干部创新改革的思想共识。改革是我国快速发展，逐步由大国发展成强国的正确路径选择，通过创新改革使得我国经济、科技等方面得到了前所未有的提高，发展水平已经跻身世界前列。要保护好我们取得的来之不易的成果，就要坚持不懈地继续创新改革，将党员干部的思想认识统一起来，并付诸实践行动。只有创新改革才能保证我们创造出更多的人间奇迹，面对新冠疫情常态化，西方国家大多选择躺平的做法，对疫情放任不管并无视后果，但我国未随波逐流，而是坚持"动态清零"政策，从人民生命权利出发，坚持创新改革思想共识，举国抗疫，遏制疫情蔓延，真正保障了人民的根本权益，用事实说明，我们所坚持的是正确的。

---

① 习近平：《中国发展新起点　全球增长新蓝图》，二十国集团工商峰会，2016 年。

（二）敢于尝试勇于实践

敢于试错的精神是创新改革者应具有的品质，一次就成功往往存在于少数情况，屡试不弃才是创新改革者的常态，树立永不放弃的信念才能通向成功。同时，我们也要给创新改革者以支持和保护。

一是引导党员干部敢于尝试。在新时代，党员干部运用创新思维敢于尝试，并取得了傲人的成果。如河北省邯郸市创新发展新区行政审批改革工作，大胆提出了“一枚印章管审批”尝试，一枚印章覆盖全面行政审批，同时提出“三减三改”持续创新审批流程，实行新区诚信体系构建、改革乡镇审批制度、优化政务服务、建设服务中心以及打造“询问—倾听—整改—提升”审批、服务、回访良性循环等一系列创新改革。但我们也要看到，很多地方因缺乏鼓励性政策，降低了党员干部工作热情和动力，因循守旧不敢尝试的窘境，应将转观念促行动提上日程，在没有明确政策规定的前提下，通过制定相应的政策给予认定和支持，为人民利益和社会事业发展寻找到合适的解决方式方法，从而为敢于尝试的党员干部提供发挥创新思维和才干的机会。

二是鼓励党员干部勇于实践。创新思维的最终落脚点在于实践，脱离了实践的创新思维只是空想而无意义。勇于实践将创新想法转变为现实，勇于实践不怕失败，方能彰显新时代党员干部的胆魄和风采。习近平总书记曾鼓励党员干部大胆实践，他说过：“各部门、各单位都要积极改，主动改，大胆探索，勇于创新。”[①] 当然鼓励党员干部将创新想法转变为实践，不是盲目的、不计后果的实践，需要党员干部考量创新的效益、创新的意义，以是否有利于人民幸福，是否符合国家发展方向为准绳，做到守规矩干大事，有目标敢创新，党员干部要在综合研判实践的可行性后，方可放开手脚大胆实践。

（三）秉承初心精进不休

伟大的创造不是一蹴而就的，创新的精髓在于精进不休。善于将创新思维付诸实践，通过实践再次凝聚新的创新思维，使创新思维不断改变实践、指导实践。

---

① 习近平：《在正定县乡镇党委书记、乡镇长会议上讲话》，《河北日报》，1985年3月6日。

一是要始终秉承初心。2021 年 12 月，在中央经济工作会议上，习近平总书记指出："要根据时代变化和实践发展，不断深化认识，不断总结经验，不断实现理论创新和实践创新良性互动。"① 创新要秉承为中国人民谋幸福的初心。党员干部要坚持马克思主义信仰的决然，学习马克思主义理论，用科学的理论指导实践；坚定中国特色社会主义道路的应然，不断运用党的创新理论，发现和解决发展道路上的问题；矢志不渝地发展马克思主义中国化时代化的使然，实践证明，把马克思主义基本原理同中国具体实际相结合，同中华优秀传统文化相结合是中国发展客观要求，是我们党伟大实践的真知。

二是要力求精进不休。中国共产党能够永葆生机，历经磨难仍能再创辉煌，其关键就是坚持理论与实践创新，坚持用马克思主义及其中国化创新理论武装全党，特别是用习近平新时代中国特色社会主义思想指导实践。如 1999 年中国自主研制的神舟飞船翱翔太空，开启了我国的航天之旅，此后 2003 年"神舟五号"载人航天，以及 2022 年"神舟十五号"飞船即将升空，体现航天人一直秉承钻研创新，为国家发展着想的初心。正是有了这样精进不休的航天人，我们国家才能在浩瀚的宇宙中有了话语权，为跻身世界强国之列奠定了根基。

【延伸阅读】

创新思维探索新浙江

习近平同志在浙江工作的 1600 多个日日夜夜，科学把握国内外发展形势，创造性地把中央精神与浙江实际紧密结合起来，将创新思维方法贯穿在全省工作的方方面面，重温习近平同志用创新思维探索新浙江之旅，感受伟人经世之才。

创新推广领导下访接待群众制度

2003 年 9 月 18 日早上 8 点多，50 岁的杭坪镇杭坪村村民蒋星剑走进浦江中学的一间教室，这间教室被临时改为接访室，里面坐着习近平同志等领

① 习近平：《习近平关于社会主义文化建设论述摘编》，中央文献出版社 2017 年版，第 65 页。

导。蒋星剑要反映的是20省道浦江段的拓宽和改造问题，他说："省道浦江段路况太差，不仅老出事，还制约了村子发展。我们多次上访盼修路，总没有下文。"听完蒋星剑的诉求并征求交通部门意见后，习近平同志当场拍板：省道改造工程要克服困难尽快开工建设。那天，习近平同志共接待了9批20余位来访群众，解决了一批久拖不决的难题。他告诉随行干部：我们要变群众上访为领导下访。干部多下访，群众少上访。只要群众反映合情合理合法的问题，都应千方百计予以解决。

习近平同志在《之江新语》中这样写道："我们的责任，就是向人民负责，为群众解难。既然群众有信访诉求，我们就应该千方百计去排忧，扑下身子去解决，切实履行'权为民所用、情为民所系、利为民所谋'的庄严承诺。"

创新提出"两山"理论

2005年8月15日，习近平同志来到余村调研民主法治村建设。根据行程安排，他将在村里停留20分钟，只听汇报，不作讲话。在村里的小会议室，时任村党支部书记的鲍新民汇报说，余村通过民主决策，关停了污染环境的矿山。现在开始搞生态旅游，打算让村民借景生财。"听到这里，习书记很高兴，表扬我们，一说就是20分钟。"时任天荒坪镇党委书记的韩树根录下了这段后来成为珍贵史料的重要讲话。2020年3月29日至4月1日，习近平总书记时隔15年再次来到浙江安吉县余村，习近平总书记说，"余村现在取得的成绩证明，绿色发展的路子是正确的，路子选对了就要坚持走下去。"

习近平同志曾在《之江新语》专栏发表文章《绿水青山也是金山银山》，他明确提出："如果能够把这些生态环境优势转化为生态农业、生态工业、生态旅游等生态经济的优势，那么绿水青山也就变成了金山银山。"

创新打造海洋强省实践

浙江是海洋资源大省，拥有海域面积26万平方公里，是陆域面积的2.6倍。习近平同志一到浙江任职，就把目光投向蓝色海域。上海岛、进渔村、访渔民……2003年到2007年，习近平同志每年都到舟山就海洋经济主题进行调研，足迹遍布11个岛屿。1999年舟山启动"大陆连岛"工程，最初是小规模建设。2003 年 1 月，习近平同志第一次到舟山调研时指出："这是一个很重要的工程，连岛大桥如果建起来了，对舟山的发展是一个根本性的推动。"2004 年 9 月习近平同志再次到舟山调研时，明确要求连岛工程快马加鞭，争取早日建成。他说，建成以后，那就是"千里江陵一日还"了……将来会产生怎样的经济效益和社会效益，怎么估计都不会过分。

2002 年 12 月，习近平同志提出浙江要"争取发展成为海洋经济强省"。经过大量调研论证，《关于建设海洋经济强省的若干意见》《浙江海洋经济强省建设规划纲要》等文件先后出台。此后，浙江全省海洋经济以年均 19.3% 的增长率快速发展。2005 年，海洋经济总产值占浙江全省 GDP 的比重上升到 8%。

——人民日报：《习近平的改革足迹——浙江》，中央广播电视总台央视网，2018 年 12 月 13 日。

第六课

提高法治思维能力 推进法治中国建设

经典语录

宪法规定了党总揽全局、协调各方的领导地位。要进一步推进党的领导入法入规，善于使党的主张通过法定程序成为国家意志、转化为法律法规，推进党的领导制度化、法治化、规范化。各级党组织和党员、干部要强化依法治国、依法执政观念，提高运用法治思维和法治方式深化改革、推动发展、化解矛盾、维护稳定、应对风险的能力。

——2020 年 2 月 5 日，习近平总书记在中央全面依法治国委员会第三次会议上的讲话。

当今世界经历着前所未有之大变局，我国正处在实现中华民族伟大复兴的关键时期，改革发展稳定任务艰巨繁重，全面对外开放深入推进，人民群众在民主、法治、公平、正义、安全、环境等方面的期待和要求之高前所未有。党的二十大报告明确指出，全面依法治国是国家治理的一场深刻革命，关系党执政兴国，关系人民幸福安康，关系党和国家长治久安。必须更好发挥法治固根本、稳预期、利长远的保障作用，在法治轨道上全面建设社会主义现代化国家。党员干部具体行使党的执政权和国家立法权、行政权、监察权、司法权，是全面依法治国的重要组织者、推动者、实践者。党员干部的法治思维能力直接决定着全面依法治国的方向、道路、成效，对协调推进“四个全面”战略布局具有举足轻重的影响。因此，提高广大党员干部法治思维能力，既是一个关涉法治发展的法律问题，更是一个关涉增强“四个意识”、坚定“四个自信”、做到“两个维护”的政治问题。新时代党员干部要不断提高运用法治思维和法治方式解决问题的能力，切实推进法治中国建设行稳致远。

第一节　深刻领会法治思维的科学内涵与重大意义

法治思维是一个内涵丰富、外延宽广的多维概念。党员干部要提高法治思维能力，首先，必须深刻领悟法治思维的科学内涵，把握法治、中国特色社会主义法治的基本要求，明晰法治思维与人治思维、法律思维的区别；其次，必须深刻领悟坚持法治思维在实现中国共产党人的使命任务，实现国家治理体系和治理能力现代化，维护国家主权、安全和发展利益等方面的重大意义，以坚定新时代全面依法治国信心和决心。

一、法治思维的科学内涵

法治思维，是指权力[①]的享有者和行使者在法治观念的基础上，运用法

① 注：本章中，“权力”指公权力，即国家权力；“权利”指私权利，即个人权利。

律规范、法律原则、法律精神和法律逻辑对治国理政过程中的问题进行分析、判断、推理并形成结论、决定的思维方式。法治思维的内核是一系列与法治有关的认识及观念，法治的基本要求构成了法治思维价值观的导向。

（一）法治的基本要求

法治是一个历久弥新的话题，古希腊的柏拉图是世界上第一个讲法治的人。他在法律篇中讲到，法治就是服从法律之统治。柏拉图的学生亚里士多德发展了他的思想，认为法治应该包括两重含义：一是已成立的法律获得普遍的服从；二是大家所服从的法律，必须是制定得良好的法律。后世将亚里士多德的思想概括为"良法之治"。虽然两千多年来古今中外的法学家、思想家、政治家都从不同的角度定义法治，但是亚里士多德的思想还是得到了普遍的认同。"良法之治"具体来说包括以下三个方面：一是立法必须经由民主程序而非个人专断。二是法律的内容必须体现公平正义，法律实施必须以尊重和保障人权为目的。三是法律的地位必须是至高的，法律面前人人平等，一切政党、国家组织和社会组织、个人，都必须在宪法法律范围内活动。可以说，"良法之治"重新定义了一个国家中三种基本关系：法律与权力、法律与权利、权力与权利，呈现出与已往文明截然不同的状态，反映了现代人类文明对公共生活规范和秩序的理解与进步。

（二）中国特色社会主义法治的基本要求

认识法治思维，要深入领会中国特色社会主义法治理论。习近平总书记在十八届四中全会第二次全体会议上强调：法治是人类文明的重要成果之一，法治的精髓和要旨对于各国国家治理和社会治理具有普遍意义，我们要学习借鉴世界上优秀的法治文明成果。但是，学习借鉴不等于是简单的拿来主义。在中国这样一个幅员辽阔、人口众多、国情复杂的东方大国，建设社会主义法治国家绝非易事，必须坚持从实际出发，突出中国特色、实践特色、时代特色。习近平法治思想立足历史唯物主义，深化了对共产党执政规律、社会主义建设规律、人类社会发展规律的认识，特别是深化了对共产党依法执政规律、社会主义法治建设规律、人类社会法治发展规律的认识，极大地丰富和创新了法治原理。中国共产党的领导是中国特色社会主义法治之魂和最大优势，是中国社会主义法治同西方资本主义国家法治最大的区别。同时，坚持人民主体地位，坚持依法治国、依法执政、依法行政共同推进，坚持法治国家、法治政府、法治社会一体建设，是中国特色社会主义法治的基本要求。

（三）法治思维与人治思维

法治思维是与人治思维相对立的思维。人治思维认为只要让有德行的人来治理国家，就可以把国家治理好；人治思维更看重统治者个人的道德修养、表率与感召作用；在人治思维模式下，权力大于法律，法律仅仅是维护权力的一个工具。法治思维认为人性是有缺陷的，当人掌握权力却没有约束时，权力就容易被滥用；法治思维认为制度比人可靠，所以要用制度尤其是用法律制度来约束权力；在法治思维模式下，强调宪法法律至上，法律面前人人平等，法律实施的目的是为了保障权利。总之，法治思维追求的是现代国家治理的理念，即民主的基础、控权的核心、人权保护的目的、法律至上等等，与人治思维截然不同。习近平总书记指出："法治和人治问题是人类政治文明史上的一个基本问题，也是各国在实现现代化过程中必须面对和解决的一个重大问题。综观世界近现代史，凡是顺利实现现代化的国家，没有一个不是较好解决了法治和人治问题的。相反，一些国家虽然也一度实现快速发展，但并没有顺利迈进现代化的门槛，而是陷入这样或那样的'陷阱'，出现经济社会发展停滞甚至倒退的局面。后一种情况很大程度上与法治不彰有关。"①

（四）法治思维与法律思维

法治思维有别于法律思维。法律思维的概念早已有之，通常指法律职业者，如法官、检察官、律师等法律工作者经过专业训练而习得的一种职业思维。法治思维作为重大理论和实践命题，在党的十八大报告中首次进行了完整的表述："提高领导干部运用法治思维和法治方式深化改革、推动发展、化解矛盾、维护稳定的能力。"党的十九大报告在"新时代党的建设"中，把坚持法治思维作为"全面增强执政本领"之一。习近平总书记 2020 年 2 月 5 日在中央全面依法治国委员会第三次会议上进一步要求："各级党组织和党员干

① 习近平：《在中共十八届四中全会第二次全体会议上的讲话》，载中共中央文献研究室编：《习近平关于全面依法治国论述摘编》，中央文献出版社 2015 年版。

部要强化依法治国、依法执政观念，提高运用法治思维和法治方式深化改革、推动发展、化解矛盾、维护稳定、应对风险的能力。”党的二十大报告则把法治思维作为“为前瞻性思考、全局性谋划、整体性推进党和国家各项事业提供科学思想方法”之一。可以说，法治思维是党中央对于各级党组织、党员干部这些手握权力的特定主体在治国理政过程中提出的政治要求：在个体层面，法治思维强调要以法治为价值追求和以法治规范为基本遵循来思考、处理问题的路径和过程；在社会层面，法治思维强调为了社会生活的安定和谐有序，要求制度安排体现公平正义；在国家层面，法治思维体现为一种宏观的国家治理方略，要求国家治理追求良法善治。

二、坚持法治思维的重大意义

党的二十大报告对坚持以习近平法治思想为指引，深入推进法治中国建设作出重大决策部署，为新时代坚持全面依法治国、建设社会主义法治国家指明了前进方向。党员干部必须深刻领悟在新时代新征程中坚持法治思维的重大意义，做到“国际国内环境越是复杂，改革开放和社会主义现代化建设任务越是繁重，越要运用法治思维和法治手段巩固执政地位、改善执政方式、提高执政能力，保证党和国家长治久安”①。

（一）坚持法治思维是完成中国共产党人的使命任务的必然要求

中国共产党人的初心和使命，是为中国人民谋幸福，为中华民族谋复兴。习近平法治思想始终奉行以人民为中心的理念，把人民作为全面依法治国最广泛、最深厚的基础，把为人民谋幸福作为全面依法治国的根本价值，把体现人民利益、反映人民愿望、维护人民权益、增进人民福祉落实到全面依法治国各领域全过程，把实现好、维护好、发展好最广大人民根本利益作为法治建设的出发点和落脚点，使法律及其实施充分体现人民意志、促进人的全面发展、保障人民共同幸福。党员干部在履职尽责中坚持法治思维才能不断满足人民对民主、法治、公平、正义、安全、环境等方面日益增长的需要，

① 习近平：《坚定不移走中国特色社会主义法治道路 为全面建设社会主义现代化国家提供有力法治保障》，《求是》2021 年第 5 期。

彰显亲民、爱民、为民的人民情怀。

党的二十大报告明确：从现在起，中国共产党的中心任务就是团结带领全国各族人民全面建成社会主义现代化强国、实现第二个百年奋斗目标，以中国式现代化全面推进中华民族伟大复兴。坚持全面依法治国，推进法治中国建设既是完成这项中心任务的重要内容，又是重要保障：通过完善以宪法为核心的中国特色社会主义法律体系，为坚持和发展中国特色社会主义提供良法引领；通过扎实推进依法行政，为坚持和发展中国特色社会主义提供善治保障；通过严格公正司法，为维护社会公平正义筑牢最后一道防线；通过加快建设法治社会，构筑中国特色社会主义法治国家的基础，为坚持和发展中国特色社会主义保驾护航。党员干部只有坚持把法治思维贯穿党和国家事业发展的各方面全过程，才能完成中国共产党的中心任务。

（二）坚持法治思维是实现国家治理体系和治理能力现代化的必然要求

国家治理体系是在党的领导下管理国家的制度体系，包括经济、政治、文化、社会、生态文明和党的建设等各领域体制机制、法律制度安排。法律是最重要的制度形式，也是制度的最高形态，法律是否现代化决定了制度的成熟定型程度，决定了制度的优越性能否充分展现。中国特色社会主义法治体系凝聚了中国共产党治国理政的理论成果和实践经验，是解决党和国家事业发展面临的一系列重大问题，解放和增强社会活力、促进社会公平正义、维护社会和谐稳定、确保党和国家长治久安的基础与保障。实践证明，通过宪法法律确认和巩固国家根本制度、基本制度、重要制度，并运用国家强制力保证实施，保障了国家治理体系的系统性、规范性、协调性、稳定性。

国家治理能力是运用国家制度管理社会各方面事务的能力，包括执政党科学执政、民主执政、依法执政的能力，政府科学行政、民主行政、依法行政的能力，社会组织参与公共治理和依法自治的能力，党和国家领导人以及各级领导干部深化改革、推动发展、化解矛盾、维护稳定的能力，人民群众依法管理国家事务、经济社会文化事务、自身事务的能力。党的二十大报告中全面、系统地阐释了“中国式现代化”这一宏伟蓝图，同时在“坚持全面依法治国，推进法治中国建设”中特别强调要“在法治轨道上全面建设社会主义现代化国家”。说明深入推进中国式现代化，必须更好发挥法治固根本、稳预期、利长远的保障作用，提升了法治作为治国理政的基本方式的规范功能和社会作用。

（三）坚持法治思维是维护国家主权、安全和发展利益的必然要求

法治是国家核心竞争力的重要内容。人类文明发展到今天，绝大多数国际利益关系表现为法律关系，绝大多数国际斗争表现为法律斗争，国与国的比拼主要是制度的竞争与较量。中国已经进入实现中华民族伟大复兴的关键时期，中国对世界的影响，从未像今天这样全面、深刻，世界对中国的关注，也从未像今天这样广泛、深切。因此，习近平总书记在中央全面依法治国工作会议上讲到“要坚持统筹推进国内法治和涉外法治”时，要求“强化法治思维，运用法治方式，有效应对挑战、防范风险，综合利用立法、执法、司法等手段开展斗争，坚决维护国家主权、尊严和核心利益；推动全球治理变革，推动构建人类命运共同体”。

当今世界正经历百年未有之大变局，国际形势复杂多变，国际经济合作和竞争局面也在发生深刻变化，全球经济治理体系和格局正处于调整变革的关键时期。同时，中国正在构建以国内大循环为主体、国内国际双循环相互促进的新发展格局，对外斗争中的制度规则博弈日趋激烈。譬如，有的国家违反国际法和国际关系基本准则，不合理地主张国内法域外适用，严重危害中国主权、安全、发展利益。与此同时，随着中国企业、组织和公民不断“走出去”，特别是随着“一带一路”合作持续展开，中国的发展利益已遍布全球，海外利益在国家利益中的比重越来越高。中国无论是要推动构建新型国际关系，积极参与全球治理体系改革和建设；还是要坚持经济全球化正确方向，推动建设更高水平的开放型经济新体制，都迫切需要运用法治思维、法治方式积极参与国际规则制定与运用，推动国际法治朝更加公正合理的方向发展，真正成为全球治理变革进程的参与者、推动者、引领者。

【延伸阅读】

法治之翼，呵护人民群众美好生活

近年来，在深圳生态环境领域投诉中，噪声扰民案件数量占据较大比例。深圳市生态环境局运用法治思维创新噪声污染治理模式，积极处理噪声扰民群众纠纷，推动噪声扰民难题得到有效解决。

立足于“早”、化解于“小”、着力于“解”，2021 年 7 月 21 日，罗湖区生态环境保护纠纷人民调解委员会成立，以人民调解方式处理噪声扰民投诉，提升了市民满意度，也促进更多的市民加入调解员队伍。

市生态环境局福田管理局探索出以“生态堡垒”党建联创合力建设“绿色工地”的新路子，将企业党组织创建成为与生态环境部门党组织并肩战斗的“生态堡垒”，对噪声超标违法行为按日连续处罚，成为驱动企业自觉遵守环保法律的“绿色引擎”。今年 1—10 月，受理噪声污染投诉案件同比下降 23.9%。

市生态环境局坪山管理局首创“远程喊停”噪声监管新模式。2020 年 4 月，坪山区借助科技手段为环境监管赋能，通过“线上监控 + 线下执法”高效联动，对在建工地实行 24 小时实时监控，一旦发现施工单位超分贝施工、超时施工时，立即核查企业是否提前申报施工许可，对未取得许可的进行“远程喊停”，及时制止工地违法施工。

——选自靳昊：《法治，让深圳成为所有人的家》，《光明日报》，2021 年 10 月。

第二节　中国共产党运用法治思维的实践历程

中国共产党运用法治思维和法治方式巩固执政地位、改善执政方式、提高执政能力的探索，经历了新民主主义革命时期、社会主义革命和建设时期、改革开放和社会主义现代化建设新时期曲折的历程，最终成功开辟了一条符合我国国情、赢得人民拥护、具有显著优势的中国特色社会主义法治道路。以史为鉴、开创未来。党员干部要从党的百年法治奋斗史中汲取前进的智慧和力量，更深刻把握新时代为什么实行全面依法治国、怎样实行全面依法治国的历史逻辑、实践逻辑、理论逻辑、制度逻辑，不断提高法治思维能力，不断开创新时代全面依法治国新局面。

一、十八大之前党运用法治思维的探索实践

中国共产党从革命根据地时期到党的十八之前，历经初步法制建设时期；社会主义法制初创又遭受挫折时期；社会主义法治重构及中国共产党确立依法治国方略时期几个阶段，始终在不断追求法治、探索法治、建设法治的道路上奋进。

（一）新民主主义革命时期

这是中国共产党在局部执政的根据地进行初步法制建设的时期。在第二次国内革命战争时期，中央苏区制定了《中华苏维埃共和国宪法大纲》，其基本内容为确定政权的性质和任务。这是中国第一部反映劳动人民当家作主、参加国家管理的宪法性文件，为党后来建立革命政权和法制建设提供了经验。在抗日战争时期，根据地相对稳定，政权比较巩固，法制建设也有较大发展。陕甘宁边区通过了《陕甘宁边区施政纲领》这部重要的法律文件，其主要内容包括：规定边区政府的基本任务和奋斗目标；规定保障抗日人民的各项民主权利；保障一切抗日人民（包括地主、资本家、农民、工人等）的人权；规定了边区政府的各项方针政策，是边区政府的根本法。以马锡五为代表的陕甘宁边区司法工作者创建了一套全新的人民司法制度和影响深远的“马锡五审判方式”①，奠定了新中国司法制度的基石。

在解放战争时期，法制建设又有进一步提升。1948 年通过的《中国土地法大纲》，集中解决民主革命最重要的土地问题，极大地激发了贫苦农民群众的革命积极性。总之，在新民主主义革命时期，中国共产党作为工人阶级政

① 详见本节延伸阅读。

党，在开展革命、浴血奋战的同时，也在巩固革命成果、建立统一战线、促进革命斗争等方面开展了丰富的法制理论和实践探索。表明中国共产党自成立之日起，就矢志不渝地领导人民探索和建设人类历史上不同于剥削阶级国家的新型法律制度，是完全不同于旧式革命者的新型先进政党。这一时期法制建设取得的成就，为新中国成立后开展社会主义法治建设积累了宝贵经验。

（二）社会主义革命和建设时期

这是社会主义法制初创又遭受挫折时期。新中国的成立，结束了战争状态，实现了民族独立和人民解放，在全国范围内建立了巩固的政权，为全面法制建设提供了基本的政治条件和社会环境。新中国伊始，中国共产党将法律制度视为治国的基本手段，1950 年 6 月通过的《土地改革法》，废除封建的土地制度，是巩固民主革命成果的必要举措。1954 年 9 月通过了新中国第一部宪法。这一时期，我们党高度重视发挥法治在推进社会主义建设中的重要作用，不断完善国家制度体系和法律制度体系，构筑起较为完整的立法、行政、司法体系，为巩固政权和革命胜利成果，建立政治、经济、社会与法律秩序提供了有力保障。

但是，社会主义法制建设的道路是不平坦的。中国古代是人治的社会，传统观念也在相当程度上影响到党对法制建设的看法。此外，从革命党转为执政党，法治思维也很难迅速建立起来。党的八大以后，在“左”的思想影响下，党没有能够进一步健全社会主义民主和法制，党的领导制度中权力过分集中的现象日益发展，最后发展到党超越宪法和法律，取消国家机关的应有的职权。这也是“文化大革命”得以发生的一个重要原因。

（三）改革开放和社会主义现代化建设新时期

这是社会主义法治重构及中国共产党确立依法治国方略时期。1978 年党的十一届三中全会提出了“有法可依，有法必依，执法必严，违法必究”16 字方针。1979 年第五届全国人大二次会议在一天之内就通过了包括《刑法》《刑事诉讼法》在内的 7 部法律，这在世界立法史上也是非常罕见的。1981 年党的十一届六中全会《关于建国以来党的若干历史问题的决议》指出，“文化大革命”的发动和发展的一个重要条件是党“没有能把党内民主和国家政治生活、社会生活的民主加以制度化、法律化，或者虽然制定了法律，却没有应有的权威”。

为了防止今后不再发生类似“文化大革命”的事件，党的十一届六中全会决议指出，“必须巩固人民民主专政，完善国家的宪法和法律并使之成为任何人都必须严格遵守的不可侵犯的力量”。1997 年党的十五大提出了“依法治国，建设社会主义法治国家”。此处把“法制”改为“法治”，彰显了我们党对法治命题的深刻理解。在观念上，党的十五大报告提出要着重提高领导干部的“法制观念”。1999 年第九届全国人大二次会议通过的宪法修正案，将“依法治国，建设社会主义法治国家”载入宪法，使之上升为一项宪法原则，标志着党在治国理政方式上实现了由过去主要依靠政策、依靠行政手段，转向主要依靠法律手段的根本转变；标志着我国正式走上了依法治国的道路。党的十六届四中全会提出党要实行“科学执政、民主执政、依法执政”，以改进执政方式来促进依法治国。党的十七大报告提出要“弘扬法治精神”，形成自觉学法守法用法的“社会氛围”。2011 年，时任全国人大常委会委员长吴邦国同志宣布中国特色社会主义法律体系已经形成。总之，这一时期在党的领导下，国家和社会各方面实现了有法可依，社会主义法治建设全面发展，有力保障和推动了改革开放和社会主义现代化建设。

二、进入新时代党运用法治思维的具体实践

党的十八大报告提出“全面推进依法治国”“加快建设社会主义法治国家”，直至党的二十大宣布“全面依法治国总体格局基本形成，中国特色社会主义法治体系加快建设，司法体制改革取得重大进展，社会公平正义保障更为坚实，法治中国建设开创新局面”。党对建设社会主义法治国家在认识上不断深入、战略上不断成熟、实践上不断丰富，开启了建设中国特色社会主义法治体系、建设社会主义法治国家的新征程。

（一）充分发挥党“总揽全局、协调各方”的作用

党的十八大以来，全面依法治国进入系统推进的新阶段。法治建设的中长期目标，要统筹考虑国际国内形势、法治建设进程和人民群众法治需求，

要与推进国家治理体系和治理能力现代化的要求相协同；同时，法治领域改革进入深水区，会遇到更多难啃的硬骨头。党总揽全局、协调各方的作用至关重要。因此，党的十八大把全面依法治国纳入“四个全面”战略布局，以前所未有的力度加以推进，首次提出了“法治思维”的要求，并明确了新的法治方针：科学立法，严格执法，公正司法，全民守法，凸显了党对社会主义法治认识的提高。党的十八届四中全会对全面依法治国作出专题部署，制定推进全面依法治国的顶层设计，推动法治建设驶入快车道。党的十九大报告明确指出，全面依法治国是中国特色社会主义的本质要求和重要保障。党的十九届三中全会决定组建中央全面依法治国委员会，切实加强党中央对法治中国建设的集中统一领导，统筹推进全面依法治国工作，推进党的领导制度化、法治化。

2020 年 11 月，中央全面依法治国工作会议正式提出“习近平法治思想”，这是党的十八大以来法治建设最重要的标志性成果，是我们党百年来提出的最全面、最系统、最科学的法治思想体系，是最具原创性的当代中国马克思主义法治理论、二十一世纪马克思主义法治理论，使全面依法治国有了根本遵循和行动指南。党的二十大报告宣布，社会主义法治国家建设深入推进，全面依法治国总体格局基本形成。这是党的十八大以来党中央全面推进依法治国工作取得的重大成就。党的二十大报告还将“坚持全面依法治国，推进法治中国建设”设为专章进行战略部署。以上这些高屋建瓴的制度举措，充分发挥了党把方向、谋大局、定政策、促改革的能力，展现了中国共产党从中国实际出发，发挥政治优势，遵循法治规律，与时俱进运用法治思维全面依法治国的新高度。

（二）把党的领导贯彻到全面依法治国全过程和各方面

坚持党的领导，不是一句空洞的口号，必须具体体现在全面依法治国全过程和各方面。

一是领导立法。党要从制度上、法律上保证党的路线方针政策贯彻实施，必须通过领导和推动国家立法机关将党的主张通过法定程序转化为国家意志，转化为全社会一体遵循的法律规则，以良法促进发展、保障善治。例如，编纂民法典是一个国家法律传统和法治信仰的生动写照。2014 年 10 月，党的十八届四中全会明确提出“编纂民法典”，这是以习近平同志为核心的党中央作出的重大法治建设部署。2020 年 5 月，第十三届全国人大三次会议表决通过了《中华人民共和国民法典》。这部符合我国国情和实际，体例科学、结构严谨、规范合理、内容完整并协调一致的民法典，其编纂过程自始至终都是在党的坚强领导和科学的思想指引之下进行的。

二是保证执法。法治政府建设是法治国家建设的重点任务和主体工程。党的十八大以来，为了做到让政府严格规范公正文明执法，更加自觉地运用法治思维和法治方式来深化改革、推动发展、化解矛盾、维护稳定，党中央、国务院联合印发了《法治政府建设实施纲要（2015—2020 年）》及《法治政府建设实施纲要（2021—2025 年）》两部法治政府建设纲领性文件，把法治政府建设放在党和国家事业发展全局中统筹谋划。《法治政府建设实施纲（2021—2025 年）》特别强调坚持党的全面领导，以保证法治政府建设正确方向，具体包括：领导和推动行政执法体制改革；领导和推动民生重点领域执法；领导和推动“放管服”改革；加强各种所有制经济产权的平等保护；营造法治化营商环境；等等。

三是支持司法。司法是维护社会公平正义的最后一道防线。保证司法机关依法独立公正行使职权是党的明确主张。党对政法工作的领导是管方向、管政策、管原则、管干部，不是包办具体事务，不能越俎代庖。党的十八大以来，党中央明确要求各级党政机关和领导干部要支持司法机关依法独立公正行使职权，不得让司法机关做违反法定职责、有碍司法公正的事情。中共中央办公厅、国务院办公厅印发《领导干部干预司法活动、插手具体案件处理的记录、通报和责任追究规定》，中央政法委员会印发《司法机关内部人员过问案件的记录和责任追究规定》，筑起了保障司法机关依法独立公正行使职权的制度防线，切实维护司法的公正性和权威性。

四是带头守法。全党在宪法法律范围内活动，这是我们党的高度自觉，也是坚持党的领导的具体体现。法律的权威源自人民的内心拥护和真诚信仰，只有全体人民信仰法治、厉行法治，国家和社会生活才能真正实现在法治的轨道上运行。党员干部对社会起到示范作用，党员干部对法治的态度，思维方式直接决定着社会对法治的态度、社会的思维方式。因此，党的十九大报告对各级党组织和全体党员提出："要带头尊法学法守法用法，任何组织和个人都不得有超越宪法法律的特权，绝不允许以言代法、以权压法、逐利违法、徇私枉法。"党的二十大报告在"加快建设法治社会"部分特别强调"发挥领导干部示范带头作用，努力使尊法学法守法用法在全社会蔚然成风"。党带头守法使法治成为全体人民的共同追求和自觉行动，全面提升了社会治理的法治化水平。

【延伸阅读】

马锡五的个人经历和"马锡五审判方式"的历史背景

一谈起马锡五审判方式，自然就会想到田间地头的调查访问、深入群众了解案情、联系群众解决纠纷。其实，这些审判方式与马锡五的成长环境及工作背景密切相关。

1899年，马锡五出生于陕西省保安县（现为志丹县）芦草沟村，家庭贫苦，又连年遭受土匪骚扰，生活不安宁。马锡五的祖父为讨生活，到延安做工，随后病死。母亲任氏，从小当童养媳，遇灾荒，逃到县城为人做工。马锡五幼年的这些经历，使他很早就体会陕北劳动人民的苦难，对他们抱有感同身受的同情。

参加工作后，马锡五抱着对劳动群众深厚感情，努力生产、勤奋工作，用各种方式为群众排忧解难，因此，他获得陕甘宁边区的"生产英雄"称号，毛泽东主席亲笔题词"一刻也不离开群众"。1937年，马锡五被任命为庆环专区专员。在9年的专员生活中，他从实际出发、深入群众、克服困难，圆满完成征粮、运盐等工作，有力支持了抗战。

可见，源自心底的群众情怀和联系实际的工作方式，与他的个人经历和革命工作经验是分不开的，这也奠定了马锡五审判浓重的个人风格。

作为陕甘宁边区推崇的审判方式，这不仅是个人风格的体现，更是符合当时的历史背景。当时边区正处于抗战时期，法院有大量的案件需要审理，但只有创建安定和谐的边区环境，才能集中力量抗战。于是迅速解决纠纷、减少纠纷、集中精力进行生产，为抗战提供必要的物质准备，已成为边区司法的第一要务。当时，边区乡村还处在相对封闭传统的社会阶段，亲族等传统伦理关系使得硬性的法律在实践中难以落实，而融入情理的调解方式反而效果突出。在革命和社会转型的影响下，边区司法需贯彻边区法律，以便塑造新型的社会秩序。新型法律的贯彻，必然与传统习俗发生冲突，这对具体执行法律的司法机关提出了更高的要求，既要贯彻新的法律制度，又要取得群众谅解，这在马锡五处理的几件婚姻、土地纠纷案中体现得最为鲜明。面临这样的难题，无论是判决，还是调解，都要结合具体案件，结合实际灵活运用，而不是片面地强调何者优先。

——选自韩伟:《马锡五审判方式仍具现代价值》,《检察日报》, 2014 年 1 月 7 日。

第三节　党员干部提高法治思维能力的基本要求

全面依法治国，不仅是制度文明的发展，更体现着“运用法治思维和法治方式深化改革、推动发展、化解矛盾、维护稳定、应对风险”的治理智慧。法治思维作为一种科学思想方法并不能自然生成，需要党员干部自觉努力去理性构建。从价值观的角度，法治思维要求党员干部深化法治认识，树立法治信仰，避免重权力轻权利、重治民轻治官、重管理轻服务等思维误区；铲除以言代法、以权压法、特权思想等背离法治精神现象的温床。从方法论的角度，法治思维要求党员干部守法律，重程序，牢记职权法定，自觉接受监督，用法治保护人民群众的合法权益，并且能够运用法律原则、法律规范、法律逻辑对治国理政中的各种问题进行分析、判断、决策。

一、深化法治认识，树立法治信仰

法治思维以法治为价值追求和以法律规范为基本遵循。党员干部提高法治思维能力，既要了解法律、掌握法律，拥有系统的法律知识储备，更要深化法治认识，树立法治信仰，坚持以习近平法治思想为指引，将习近平法治思想的真理伟力、实践要求，更好转化为建设社会主义法治国家的生动实践，做社会主义法治的忠实崇尚者、自觉遵守者、坚定捍卫者。

（一）深化法治认识

党员干部不仅要深化对法治重要性的认识，而且要深化对法治本质的认识。法治既是工具，更是价值。工具可以灵活取舍，价值更为长久甚至永恒。党员干部只有把法治作为价值来追求，才能提高法治思维的层次和水平。法治也是一种文化，法治文化是关于法治的知识、理念、信仰、习俗、惯例、道德评价、思维方式、社会舆论的总和，是法律精神、法律规则在思想观念上的反映。只有文化自觉意义上的法治才是可靠的、稳定的法治。因此，党员干部要力克几千年来封建传统形成的“官文化”和落后的小生产习惯势力的影响，包括权大于法、特权思想、家长制以及无政府主义、对法律的实用主义态度等，都是党员干部提高法治思维能力的思想文化障碍。

思想是行动的先导，理论是实践的指南。党员干部应从法治的全局出发，系统学习习近平法治思想、中国特色社会主义法治理念，深刻认识其中蕴含的政治意义、理论意义、时代意义；深刻理解其中的核心要义、精神实质、实践逻辑；尤其重点把握习近平法治思想的“十一个坚持”的要求，努力把习近平法治思想贯彻落实到全面依法治国全过程和各方面，着力提高运用法治思维和法治方式深化改革、推动发展、化解矛盾、维护稳定、应对风险的能力，切实把学习成效转化为推进全面依法治国的生动实践。

（二）树立法治信仰

法治信仰，是基于对法治油然而生的神圣情感，是对法治发自内心的认同和尊崇。正如卢梭的名言：“一切法律中，最重要的法律既不是刻在大理石上，也不是刻在铜表上，而是铭刻在公民的内心里。”需要特别指出的是，党员干部要确立的法治信仰，是指对中国特色的社会主义法治的信仰，即对在中国共产党领导下全国人民经过革命战争、社会主义建设、改革开放等不同时期长期艰难曲折探索而形成的，符合中国实际和发展道路的中国特色社会主义法治的信仰。中国特色社会主义法治之所以能够被信仰，是因为我们国家的法律是人民意志的体现；是社会全体成员的行为准则；是超脱于特定的人和利益的非人格化权威；是中国特色社会主义核心价值观之一。

党员干部要在增强对法治的认知过程中养成法治思维的自觉性，让法治深层次的思想观念：诸如，一切权力属于人民的核心观念；公民在法律面前一律平等的观念；规则意识和契约精神；权利义务观念等，内化为自身的价值取向、文化基底、信仰信念，不断增进对法治的政治认同、思想认同、情感认同，筑牢信仰基础，补足精神之钙，自觉做习近平法治思想的坚定信仰者，坚定走中国特色社会主义法治道路的信心。党员干部要把“尊法”放在首位，只有由衷地尊崇法治，敬畏法治对权力的约束，敬畏公民的合法权益，才能自觉地把法治顶在头上、记在心中；只有敬畏法律，谨记法律是神圣不可亵渎，必须严格遵照执行的，才会在工作、生活中自觉地学习、遵守、捍卫与适用宪法和法律。

（三）系统学习法律知识

学法懂法是守法用法的前提。新时代，党员干部或多或少都学过一些法律知识，但和全面依法治国的要求相差甚远。习近平总书记多次强调，领导干部应当做学法的模范，带头了解法律、掌握法律。党员干部学习法律特别是要弄懂法律规定什么事情能干，什么事情不能干。尤其是对权力的行使，法律基本都有明确的规定，平时注意认真学习，做工作时认真查一查，就可以知晓为官做事的尺度，避免犯错误，甚至犯罪。党员干部如果仅凭自己的感觉，或是自己的逻辑去做工作，难免偏离法治轨道，而无论是因为“不懂法”导致的违法，还是心存故意的违法，都要受到追究，都不能寄希望于法外施恩。

对于党员干部而言，首先是要学习一些法律基础知识，包括法的体系及结构、法的形式与效力、法的渊源等法理知识。其次是要学习具体的法律规范，包括：宪法及宪法性法律规范，如选举法、立法法等；有关行政管理、社会管理方面的法律，如治安管理处罚法、行政处罚法、公务员法等；有关社会生活的一般性法律，如刑法、刑事诉讼法、民法、民事诉讼法、行政诉讼法等，以及与自己的工作领域密切相关的法律法规。党员干部在学习中需要特别注意学习掌握法律原则。掌握了法律原则，可以“纲举目张”，就不会在复杂的法律规定中迷失方向。最后是要学习法律逻辑。从具体的法律概念到法律规则到法律体系整体结构，包含着缜密的、抽象的法律逻辑。党员干部要具有高度的分析、归纳、演绎、概括、判断、推理等思维能力，才能够将抽象的法律规范适用到纷繁复杂的社会现实中去。

二、遵守宪法法律，牢牢守住底线

合法性是法治思维活动得以展开的前提条件和出发点。在我国的社会调整系统中，以宪法法律为核心的法律系统是最重要的、最权威的系统，当其他调整手段与宪法法律发生冲突时，必须优先服从宪法法律。党员干部提升法治思维能力，必须坚持凡事以宪法法律作为基本衡量标准；坚持法律的普遍适用；坚持改革与法治同步推进。

（一）坚持以宪法法律为准绳

我国宪法在序言中庄严宣告：“本宪法以法律的形式确认了中国各族人民奋斗的成果，规定了国家的根本制度和根本任务，是国家的根本法，具有最高的法律效力。”宪法正文第五条明确规定：“国家维护社会主义法制的统一和尊严。一切法律、行政法规和地方性法规都不得同宪法相抵触。一切国家机关和武装力量、各政党和各社会团体、各企业事业组织都必须遵守宪法和法律。”《中国共产党章程》在总纲中也明确指出，“党必须在宪法和法律的范围内活动”。宪法法律至上，即将宪法法律置于整个社会调整机制和规范体系的主导地位，这是党纪国法的双重规定。习近平总书记强调：“具体到每个党政组织、每个领导干部，就必须服从和遵守宪法法律。有些事情要提交党委把握，但这种把握不是私情插手，不是包庇性的干预，而是一种政治性、程序性、职责性的把握。这个界线一定要划分清楚。”①

习近平总书记明确指出：“我国是一个有十三亿多人口的大国，地域辽

① 习近平：《坚定不移走中国特色社会主义法治道路 为全面建设社会主义现代化国家提供有力法治保障》，《求是》2021 年第 5 期。

阔，民族众多，国情复杂。我们党在这样一个大国执政，要保证国家统一、法制统一、政令统一、市场统一，要实现经济发展、政治清明、文化昌盛、社会公正、生态良好，都需要秉持法律这个准绳、用好法治这个方式。”[①]宪法和法律是人民意愿的集中体现，合理界定了权利义务、确定了利益关系，总结了各种社会经验，为党员干部看问题、作决策、办事情提供了度量衡。因此，党员干部要把对法治的尊崇、对法律的敬畏转化成思维方式和行为方式，谋划工作、处理问题、说话做事首先考虑宪法法律的规定，带头营造办事依法、遇事找法、解决问题用法、化解矛盾靠法的法治环境。

（二）坚持法律的普遍适用

法律是一般的、普遍的行为规范。法治思维强调对既定法律规则的尊重和运用，不能以“具体问题具体分析”“特殊问题特殊对待”“下不为例”为借口突破法律。否则，法律的调整对象就会从一般社会调整退化到个别调整，宪法法律再无权威，破坏人们的行为预期，社会将会混乱无序。例如，2019年，大连一名13岁男童因强奸未遂将一名10岁女童杀害。当时我国《刑法》规定刑事责任的最低年龄为14周岁，尽管此案民愤极大也不能突破法律追究该男童的刑事责任。有不少民众难以接受这样的结果，但这是维护法律的稳定和权威的必要之举。[②]

坚持法律的普遍适用，要正确认识法理情的关系。普遍来说，我国法律作为人民意志的体现，其制定背后必然有常理、常情的支撑，也就是说法与情理具有一致性。当然，法治意义上的理是公理，不是歪理；法治意义上的情是绝大多数人公认的常情，不是个别人的私情。因此，面对问题，党员干部需要在法律的框架内，理性地分析法律上的权利义务关系，依据法律的规定进行判断。当然，法律不但有明确的边界，也有极大的包容性。党员干部仍然可以在法律规定的自由裁量权范围，酌情考虑个案的情理要素。另一方

① 习近平：《在省部级主要领导干部学习贯彻党的十八届四中全会精神全面推进依法治国专题研讨班上的讲话》，载中共中央文献研究室编：《习近平关于全面依法治国论述摘编》，中央文献出版社2015年版。

② 注：2020年12月通过的《中华人民共和国刑法修正案（十一）》，已将刑事责任的最低年龄调整至12周岁。

面，党员干部也要加深对国情、社情、民情的了解，准确把握社会心态、民众情绪，积极主动向当事人说透法理、说明事理、说通情理，使得民众心悦诚服，不仅在理智层面上认同并接受法律权威，而且在情感层面上尊重并信仰法律权威。

（三）坚持改革与法治同步推进

在改革开放之初，我们曾采取过“摸着石头过河”“鼓励先行先试”等策略，也有过“勇闯法律禁区”“良性违法、良性违宪”等争议性做法。这些做法在当时确实推动了改革，有其特殊的时代意义。但是，在全面依法治国的新时代，改革与法治如鸟之两翼、车之两轮，习近平总书记从法治与改革辩证统一的高度提出了“在法治下推进改革，在改革中完善法治”[①]的总原则。

首先，党员干部要谨记重大改革必须于法有据。只要涉及行政权力的扩张、公民权利的限制和公民义务的增加，尤其是某些基本义务、权利的增减，均属于重大改革范畴。党员干部必须认识到，与改革开放初期相比，现如今各领域的改革已进入了“攻坚期”和“深水区”，利益矛盾错综复杂。如果不在法治轨道进行改革，不让利益各方在法治程序中参与、表达、博弈，改革就很难获得正当性、合宪性和合法性。其次，党员干部也要积极地作为：一是对于滞后于社会发展、阻扰改革进程的陈旧之法，要及时提出建议废止，为改革扫清道路；二是对于已经被实践验证的成功的改革经验与成果，也要及时通过立法确定下来；三是如果改革确实需要突破宪法和法律规定，必须谨记应事先获得权力机关的特别授权或专门授权，以便为改革争取一个合法的依据。

三、依法行使权力，尊重保障人权

现代法治的核心使命是规范约束权力，尊重保障权利。党员干部提升法

① 习近平：《在省部级主要领导干部学习贯彻党的十八届四中全会精神全面推进依法治国专题研讨班上的讲话》，载中共中央文献研究室编：《习近平关于全面依法治国论述摘编》，中央文献出版社 2015 年版。

治思维能力必须树立马克思主义权力观，即“权为民所赋，利为民所谋”，深刻认识尊重保障人权是权力得以成立的基本动因和主要价值，坚持依循职权法定，严格依法用权；坚持阳光用权，自觉接受制约和监督；坚持以保障权利为出发点，以维护秩序和安全为着力点，在法治轨道上维护权利与维护秩序。

（一）坚持依法用权，严以用权

坚持依法用权，要求党员干部必须明确以下两点：第一，职权来源法定，只有立法设定和赋予的职权才是合法的权力，没有法律法规依据不得作出减损公民、法人和其他组织合法权益或者增加其义务的决定；第二，职权范围法定，职权的适用对象和事项范围由立法确定，不能超出法定的对象和事项范围行使权力。2022 年 6 月部分河南村镇银行储户被赋予红码事件，就是一些官员滥用权力，把仅为疫情防控收集的个人信息，用于其他用途，逾越了法定权限。此事一经报道，立刻引起全国民众的强烈反响，体现了新时代人民群众的民主意识、法治意识、权利意识普遍增强。因此，党员干部更要养成依法用权的习惯，恪守权力的界限。

强调严以用权，要求党员干部必须准确理解，严格规范公正文明执法是一个整体，应全面贯彻，不能畸轻畸重、顾此失彼。2022 年 8 月 28 日央视新闻报道，国务院第九次大督查通报：陕西榆林等地“过罚不当”。譬如，个体户罗某在某农贸市场购进 7 斤芹菜，售出 5 斤共计 20 元，另 2 斤被市场监管局提取检验，发现有一项指标超标。因售出的芹菜已无法追回，且罗某无法提供供货方许可证明及票据，不能如实说明进货来源，未履行查验义务，榆阳区市场监管局决定对其处以罚款 6.6 万元。这个处罚明显违反了《行政处罚法》关于行政处罚合理性的规定。因此，党员干部必须认识到，强调严格执法，但绝不是暴力执法、过激执法，要让执法既有力度又有温度。

（二）坚持阳光用权，自觉接受监督制约

任何权力只要不加强监督制约必然会异化，对权力制约监督的目的是要确保党和人民赋予的权力始终用来为人民谋幸福。习近平总书记明确要求：“要强化公开，依法公开权力运行流程，让广大干部群众在公开中监督，保证

权力正确行使。”[①]党的十八大以来，推进权力运行公开化、规范化；完善党务公开、政务公开、司法公开和各领域办事公开制度；健全质询、问责、经济责任审计、引咎辞职、罢免等制度；加强党内监督、民主监督、法律监督、舆论监督；增加新形式的法律监督制度，拓宽公益诉讼范围等部署，无不体现对权力的制约和监督，有效地压缩了权力被违法行使和滥用的空间，有着深刻的法治思维内涵。

习近平总书记指出：“加强对权力运行的制约和监督，会影响到领导干部的舒适度。问题是，领导干部手中的权力都是党和人民赋予的，领导干部使用权力，使用得对不对，使用得好不好，当然要接受党和人民监督。不想接受监督的人，不能自觉接受监督的人，觉得接受党和人民监督很不舒服的人，就不具备当领导干部的起码素质。”[②]党员干部必须要牢记权力有边界，有权必有责，用权受监督，失职要问责，违法要追究，把自觉接受各方面的监督贯穿于自己的日常工作和生活中。同时，党员干部也应该认识到，对权力的监督制约也是对自己正确行使权力的制度保护。

（三）正确处理维权和维稳的关系

尊重和保障人权是权力行使的目的和价值，另一方面，权力还承担维护秩序和安全的重要职能。在实践中，一些民众的合法诉求由于得不到及时解决，会采取一些过激行为，有可能出现影响社会稳定的状况。对此，习近平总书记指出：“从人民内部和社会一般意义上说，维权是维稳的基础，维稳的实质是维权。人心安定，社会才能稳定。对涉及维权的维稳问题，首先要把群众合理合法的利益诉求解决好。单纯维稳，不解决利益问题，那是本末倒置，最后也难以稳定下来。”党员干部应该认识到，运用法治思维处理维权和维稳的关系，并不是不允许社会出现冲突和矛盾，而是指权力拥有法治化、规范化、制度化解决暴力和冲突的能力。

---

① 习近平：《强化反腐败体制机制创新和制度保障 深入推进党风廉政建设和反腐败斗争》，《人民日报》2014年1月15日。

② 习近平：《依纪依法严惩腐败，着力解决群众反映强烈的突出问题》，《十八大以来重要文献选编》（上），中央文献出版社2014年版。

党员干部要提高运用法治思维和法治方式驾驭复杂局面能力，将维护权利与维护秩序纳入法治框架之下，以保障权利为出发点，以维护秩序和安全为着力点，依法审慎对待与群众生产、生活密切相关的敏感事件。一方面，密切注意及时发现可能导致矛盾激化的苗头，通过发挥纠纷化解机制、利益表达机制、救济救助机制的作用，依法及时疏导，努力把矛盾纠纷解决在基层和萌芽状态，减少不安定因素。另一方面，通过规范严格文明执法、公正司法来满足人民群众利益诉求，谨慎采取强制措施，多做说服教育工作，防止矛盾激化。同时，党员干部也要引导人民群众遵守法律，有问题依靠法律解决，绝不能让那种大闹大解决，小闹小解决，不闹不解决现象蔓延。

四、注重程序正当，保障实现正义

法治最大的价值在于最大限度地实现正义。正义包括实体正义与程序正义两个视角，实体正义注重结果的正当性，程序正义注重过程的正当性。现代法治理念要求不仅以追求实体正义为目的，而且以程序公正为路径，以看得见的方式实现正义。党员干部提高法治思维能力，必须进一步强化正当程序理念，以正当程序化解矛盾凝聚发展共识，以显而易见的、令人信服的方式或渠道实现正义。

（一）遵循正当程序理念

程序是权力运行的步骤、顺序、方式、时限等要素的集合。相对于实体规定而言，程序规定更加具体可操作。正当程序理念，要求在探寻事实真相时必须遵循正当的步骤、采取合法的方式，其基本要求包括：一是“任何人不能做自己的法官”，即程序主持者不能与实体结果有关联，以确保各方当事人得到公正对待；二是任何人在受到权力不利行为的影响时，有获得告知、说明理由和提出申辩的权利；三是权力的运行必须公开透明、允许公众参与。正当程序将可能影响实体正义的不良因素尽量排除，起到以程序促规范、以参与促公开、以流程促优化、以监督堵漏洞的作用，有利于当事人获得实体正义。

程序优先，即违反法定程序的行为和主张，哪怕符合实体法的规定，也不能产生预期的法律效果，这是正当程序理念的必然结果。比如，法律规定行政机关作出某个行政处罚决定之前，应当告知当事人有要求举行听证的权利。如果行政机关没有“告知”当事人就作出了行政处罚，这个处罚决定就是违法的。在我国，由于受“重实体轻程序”传统观念的影响，同时缺乏自然法的法律文化基础，不少党员干部奉行只看结果不看过程的思维。实践中，任意减损或增加法定的步骤和方式；随意颠倒法定程序的顺序；无视法定的形式；违反法律的期间规定和时间要求等违反程序的行为并不少见。党员干部提升法治思维能力必须树立正当程序理念，充分认识到程序正义本身就包含着实体正义，在行使权力的各个环节严格按照法定程序，把追求效率和实现公正、执法目的和执法形式有机统一起来。

（二）以正当程序化解矛盾

在我国改革发展过程中，绝大部分矛盾属于人民内部矛盾；绝大部分矛盾属于利益性矛盾，并非不可调和性的矛盾。党员干部面对这种性质的矛盾，要注重在矛盾化解的过程中遵循中立原则、对等原则、公开原则、平等对待原则、比例原则、表达自由原则等，通过这些正当程序消除人情、关系、偏见、恣意的影响，让民众感觉受到尊重，拥有参与感和获得感，更有利于实现定分止争。以公正的程序接近公正的实体，民众对结果更能理解和接受，最终实现个人利益、他人利益和社会利益的平衡兼顾。

如果党员干部不善于在正当程序中化解各种矛盾，可能会制造更多矛盾，让问题变得更加复杂；或是问题一时得到解决，但会留下严重后遗症。例如，旧城改造向来是一个棘手的难题，要面对多元化的利益主体。如何保证既尊重大多数人的意愿又要保护少数人正当权利？希望完全通过实体法解决矛盾是不现实的，只有把利益的博弈和价值衡量在正当程序中运作，允许各个利益阶层、利益群体和利害关系人参与其中，让矛盾在正当程序中得以解决。同时，党员干部还应该认识到，通过辨法析理的正当程序，避免了政府的行政强权和话语霸权，对于进一步加强法治政府建设，特别是推进社会治理体系和治理能力现代化，有着非常重要的现实意义。

（三）以正当程序凝聚发展共识

高质量发展是全面建设社会主义现代化国家的首要任务。但如何才是高质量发展？民众对关乎发展的问题一定有各种不同的意见。党员干部面对这些认识分歧，应该通过正当程序中要求的民主平等参与、充分陈述意见、听证辩论、少数服从多数、表决无记名、事前公示、公开透明等程序制度安排，鼓励不同的社会群体通过正当程序充分博弈、理性协商，相互妥协、达成发展共识，使正当程序制度成为贯彻和体现发展全过程人民民主的重大理念和实践要求的工作机制，成为吸纳民意、汇聚民智、凝聚共识的工作机制，切实让人民群众感受到法治建设在身边、有实招、见成效，用高质量的法治保障高质量的发展。

例如，行政决策往往涉及发展部署，重大行政决策更是对经济社会发展有重大影响，涉及重大公共利益或者社会公众切身利益，事关改革发展稳定大局。但是，行政决策行为比行政执法等其他行政行为更复杂，涉及的因素非常多，很难简单地从实体方面进行有效约束。2019 年 9 月施行的《重大行政决策程序暂行条例》，以规范重大行政决策的程序为重要抓手，引导广大群众广泛有序参与政府决策，让重大行政决策过程成为集思广益、凝聚共识的过程，有效增强重大行政决策的科学性、民主性、可行性、稳定性，对优化营商环境，维护经济持续健康发展和社会稳定大局具有重要的积极意义。因此，党员干部提升法治思维能力，必须注重运用正当程序以确保发展的全面协调可持续，不断提高依法履职的能力水平。

【延伸阅读】

习近平在福建工作时期运用法治思维的探索实践

习近平总书记曾在福建工作 17 年半，开创性地提出了一系列重要理念、推进了一系列重大实践。在法治领域，习近平总书记进行了一系列前瞻性的探索实践，展现了运用法治思维和法治方式解决实际问题的高超领导艺术和政治智慧，为习近平法治思想的形成奠定了重要的思想基础和实践基础。这些思想财富、精神财富和实践成果，对福建发展弥足珍贵。近年来，福建牢记习近平总书记的殷切嘱托和期望，深入贯彻落实习近平法治思想，全方位推进高质量发展超越。

始终牢记党的领导是法治建设的根本保证，坚持中国特色社会主义法治建设的正确方向。习近平总书记担任宁德地委书记和福州市委书记期间，面对国际上社会主义国家剧变和动荡复杂的形势，始终坚持马克思主义立场、观点和方法，就法治建设提出了一系列重要论述。这些重要论述，体现了从中国国情和实际出发、走适合自己法治道路的政治定力，体现了坚持党对政法工作领导的高度自觉，成为习近平法治思想中“坚持党对全面依法治国的领导”和“坚持中国特色社会主义法治道路”的思想基础。这些年来，福建始终把坚持党的领导作为政法工作和法治建设的首要原则，认真贯彻落实《中国共产党政法工作条例》，建立健全政治建设、执法司法制约监督、政法队伍从严管理等党管政法的制度体系，确保党对政法工作的绝对领导落到实处。

始终牢记以人民为中心的发展思想，坚持法治为了人民、依靠人民、造福人民、保护人民。“人民”是习近平总书记在福建工作时提及次数最多的词，反复强调要牢记政府前面“人民”二字。在宁德、福州期间，习近平总书记开创并推行“四下基层”“四个万家”制度。针对人民群众的呼声，要求严厉整顿劳务中介市场，把坑骗农民工血汗钱的黑中介绳之以法。1996 年为“漳州 110”题词“人民的保护神”。2000 年推动在全国率先出台解决农民工子女读书难等地方法规，批示要求“148”法律服务热线真正成为人民群众的“开心锁”“连心桥”“守护神”。2001 年在福建省治理“餐桌污染”会议上庄严承诺，“群众所关心的，就是我们政府工作的着力点”。这些思考和探索实践，彰显了以人民为中心的价值追求，体现了习近平法治思想坚持以人民为中心的根本立场。多年来，福建始终坚持以人民为中心的发展思想，认真落实习近平总书记 2014 年在福州鼓楼区军门社区调研提出的“三个如何”的重要要求，建设群众家门口的“一站式”执法司法综合服务平台，深入开展扫黑除恶斗争，全面排查化解基层矛盾纠纷，狠抓酒驾醉驾专项整治，不断提升人民群众的获得感、幸福感、安全感。

始终牢记青山绿水是无价之宝的重要嘱托，坚持以法治守护美丽福建清新福建。在福建工作期间，习近平总书记提出了一系列具有战略性前瞻性的生态文明理念。1988年在厦门筼筜湖治理中提出了“依法治湖、截污处理、清淤筑岸、搞活水体、美化环境”的20字方针，依法治湖放在第一位。在2000年就提出建设生态省战略。2002年在武平县调研时提出“明晰所有权、放活经营权、落实处置权、确保收益权”的林权改革模式，推动出台了全国第一个省级集体林权改革文件。这些思考和探索实践为生态文明法治体系建设提供了源头活水。这些年，福建出台了《福建省生态文明建设促进条例》《福建省水土保持条例》等地方法规，率先将“绿水青山就是金山银山”的理念和水土流失治理长汀经验、林权登记、生态公益诉讼等改革经验写入地方性法规，探索“补植令”等生态恢复性司法举措，推广“生态司法+”机制，持续提升生态司法保护品牌的影响力，让绿水青山永远成为福建的骄傲。

——选自：罗东川，《发挥习近平法治思想重要孕育地和实践地优势奋力推进新时代法治强省建设》，《学习时报》2022年8月23日。

第七课

提高底线思维能力 把牢风险防范关口

经典语录

深刻认识和准确把握外部环境的深刻变化和我国改革发展稳定面临的新情况新问题新挑战，坚持底线思维，增强忧患意识，提高防控能力，着力防范化解重大风险，保持经济持续健康发展和社会大局稳定，为决胜全面建成小康社会、夺取新时代中国特色社会主义伟大胜利、实现中华民族伟大复兴的中国梦提供坚强保障。

——2019年1月21日，习近平总书记在省部级主要领导干部坚持底线思维着力防范化解重大风险专题研讨班开班式上的讲话底线思维是新时代以来党治国理政的重要方法，也是中国共产党建党一百年来能够战胜各种风险挑战的宝贵经验。党的二十大报告强调，我国发展进入战略机遇和风险挑战并存的时期，各种“黑天鹅”“灰犀牛”事件随时可能发生，必须增强忧患意识，坚持底线思维，做到居安思危、未雨绸缪，准备经受风高浪急甚至惊涛骇浪的重大考验。底线思维作为党治国理政的重要思想方法、工作方法、领导方法，是党员干部认识和把握新时代外部环境深刻变化和我国改革发展稳定面临的新情况新问题、有效应对各种风险挑战的必然要求。实现中华民族伟大复兴正处于关键时期，党员干部必须正确认识底线思维的科学内涵，学习党的历史上正确运用底线思维的经验，在学习科学理论，增强大局意识，常怀忧患之心，坚定战略意志的基础上自觉站稳政治立场、锻炼政治能力，在敏锐察觉政治风险的同时，培养自身敢于斗争、善于斗争的能力，以更加成熟的干部思维和更加完备的能力素养肩负党的伟大历史使命，战胜前进道路上的各种艰难险阻，牢牢把握主动权。

第一节　深刻领会底线思维的科学内涵与重大意义

中国共产党在内忧外患中诞生，在磨难挫折中成长，在战胜风险挑战中壮大，底线思维是党对中国特色社会主义发展规律和人类社会发展规律认识深化的成果。全党正确认识底线思维的深刻含义和重大意义，从思想层面对底线思维产生认同和支持，对党的工作化被动为主动、从风险中探求机遇，促进党的事业的发展具有重大意义。

一、底线思维的科学内涵

中国特色社会主义进入新时代，习近平总书记多次强调坚持底线思维，防范化解重大风险。坚持底线思维，不仅是面对当前波诡云谲的国际形势的工作需要，而且是有效应对各种风险挑战的根本方法。中国共产党在领导人民实现伟大梦想的过程中要保障党和国家事业的有序展开，必须立足基本政治底线，而党员干部正确认识底线思维的科学内涵有利于其更好在实践中守住政治底线。

（一）政治底线的内涵

唯物辩证法宇宙观认为，矛盾具有普遍性，斗争是矛盾的表现形式，因此斗争也具有普遍性。对于政党而言，党内斗争可以区分为两种，一种是对党的信仰、宗旨、性质等展开的争论，这是涉及党的根本的斗争；另一种是党内成员对党的发展和规划进行的建设性争论，是相对温和并且有益于党的发展的。其中第一种斗争直接影响党的生死存亡，政治底线就是这种斗争企图辨明的东西，也即党的生命线。“底线”指最低限度，在辩证法中指事物在量变的不断积累中产生质变的分界线。作为个人行为的准则，底线是不可跨越的红线和做人做事的基本点，是个人行为“应然”部分中最基础的内容。政治底线则可以被理解为是对个人，尤其是隶属于某一政党的成员的政治行为作出的最低规定性，是政党规定的为确保政党组织正常运转的成员行为规范，遵守党的政治底线是党组织对合格党员设置的最低标准。

政治底线作为党的政治路线的反映，不仅是对每一个党员应有的个人道德品质、法纪观念和基本行为规范进行衡量的“标尺”，也是确保党员不偏离党的政治路线的基本警戒线，党员干部坚守政治底线就是守住了党的生命线。中国共产党党员干部的政治底线首先是思想上对党绝对忠诚，坚定理想信念，以人民为中心，其次是在行动层面自觉遵守党的各项法规法纪，自觉维护党的宗旨战略，不做违反党的规定的行为，牢牢守住共产党人的政治底线是任何时期党员干部做到谣言面前不听信。是非面前不误判、危机面前不慌乱、诱惑面前不迷失的基本条件。

（二）底线思维的内涵

底线思维即以底线作为尺度和防线，在确保各项外部条件稳定背景下，引导事物朝着正确方向前进发展的辩证思维方式，其本质上是一种风险思维。个人对某件事情采取行动的过程中，存在着环境中的各种不稳定因素，这些因素本身客观存在，不以主体意识为偏倚，但人可以在认识和把握规律的基础上充分发挥主观能动性，积极认识和改造世界。具有底线思维并不是盲目担心这些不稳定因素都会对行为目的产生不良影响，而是考虑到这些因素的客观存在和发生的可能性，在进行布局时凡事从最坏处做准备，在遵循客观规律的前提下设置最低和最高目标，通过主动预测和防范，努力争取最好结果。底线思维要求人们深入了解事物各个方面之间的联系，为风险出现的前提和结果进行预设，明确个人在实践活动中的责权和限制，因此底线思维可以看作现代风险防治的思维方法论。党员干部应当具备的底线思维具有如下特征：

第一，底线思维具有政治性，党员干部对底线思维的运用目的是防范自身在国家各个领域展开工作时可能存在作出的有损党和国家事业的行为，抑或是这些工作进行中可能面临的来自外部各方面的风险挑战，其中最重要的方面就是守好政治底线，底线思维的政治性一方面体现在党员干部需要依照党的基本原则、性质和宗旨展开活动，严厉禁止任何侵犯党的根本宗旨的行为出现，在党的法律法规的规定下展开活动。另一方面体现在党员干部评判自身工作中各类潜在因素时，是否遵循党的政治方向是评价的第一标准。

第二，底线思维具有时代性。底线本身是人为规定的，具有可活动性，因此在党的不同时期存在着为党员干部划定的不同底线。这种底线的划定当然不是随意的，而是党根据自身历史发展需要和时代发展特点综合考量的结果。底线思维的时代性则同样受到上述两方面影响，不同时代党员干部所处的工作环境不同，面临的潜在危机和挑战也不同，同时党的政治路线也可能已经发生了调整，因此底线思维不可避免的要根据所处时代的差异进行相应的方式方法调整。

第三，底线思维具有预见性。底线思维运用的目的主要的就是防范可能存在的风险，有效防范风险需要主体对环境及其未来发展趋势进行准确估量。为了保障工作的顺利进行，在评测和估量中主体对事态可能发展的各个方向都作出了相应的预测，在此基础上，主体行为人将凡事从坏处准备，努力争取最好的结果，做到有备无患、遇事不慌，牢牢把握主动权，从而大幅度提高行为活动的成功率。这种预测不是静态的，是随着事件发展而多次进行的，底线思维的反复运用大大提升了可能危险被发觉和准确预见的可能性。

第四，底线思维具有科学性。底线思维是以保持如临深渊、如履薄冰的态度，尽可能把各种可能的情况想全想透，把各项措施制定得周详完善，确保安全、顺畅、可靠、稳固，做到“坚持实事求是、冷静客观是真正的自信，对最坏的情景一旦心中有数，就能迎难而上、化危为机，天塌不下来”①。这种准备工作对主体专业性的要求非常高，为保障措施有效性，主体必须以科学方法展开准备工作，不仅是程序设定上的规范化，还要确保实际系统运行的顺畅性，只有各项环节设置科学可行，才能确保底线思维运用于实际工作过程的切实有效。

二、坚持底线思维的重大意义

底线思维是新时代以来习近平总书记多次强调的一种保持战略定力、应对错综复杂形势的科学思维方法，党员干部应该自觉强化底线思维，贯彻习近平总书记关于坚持底线思维的要求，深刻把握新时代坚持底线思维的必要性、重要性和紧迫性，以强化底线思维增强自身本领。

（一）确保党员政治忠诚的客观要求

坚持底线思维，是新时代接续确保党员干部对党忠诚，充分发挥先进性、纯洁性，矢志不渝做到立党为公、执政为民，保证党和人民的血肉联系和党的执政合法性稳定的基本条件。中国共产党的指导思想是马克思主义，马克思主义是追求实现人的解放的思想，为人民群众服务是共产党员的根本宗旨。强化党员干部底线思维，就是强化其对人民群众的深厚情感，中国共产党从成立之日起就以人民的利益为根本奋斗目标，以“从群众中来，到群众中去”作为中国共产党的基本工作路线。党除了人民的利益没有自己的利益，党的一切活动都为了追求人民的美好生活。强化党员干部底线思维，就是强化其在展开工作前确保将维护人民的利益作为底线的思维。中国共产党的历史证明了党之所以能够经历百年风云变幻而屹立不倒，发展为一个拥有近 9700 万党员的超级大党，不断获得革命的胜利，是因为中国共产党始终是在党中央

① 中共中央党史和文献研究院:《十八大以来重要文献选编（下）》，中央文献出版社，2018 年，第 51 页。

的统一领导下的党。强化党员干部底线思维，就是强化其“心中有党”的观念，对党绝对忠诚，坚定理想信念，在展开任何党的工作时都始终确保其政治方向与党中央的一致性。这种一致性也要求党员干部积极融入党组织，与党组织建立稳固联系，确保全党的团结一致。先进性和纯洁性是马克思主义政党的本质属性，强化党员干部底线思维还要求其始终保持坚强的党性和崇高的道德，常怀敬畏之心，敬畏组织、敬畏法纪，做到公正用权、廉洁用权，保持共产党人的高尚品格和廉洁操守，永葆党的理想信念的底色，清白做人、干净做事、坦荡为官。

（二）防范各种风险挑战的现实需要

党的事业发展过程中必然遭遇各类风险，强化底线思维是我们党战胜各种风险挑战、不断从胜利走向新的胜利的重要思想方法、工作方法和领导方法。底线思维的最大特征就是强烈的忧患意识。忧患意识主要体现在善于提前谋划，以忧患意识考察实际工作生活，自觉对国家和民族负责，是共产党人高度责任心的体现。对于党员干部来说，运用底线思维，善用忧患意识，是有效防御各种危险，警惕意识形态和社会形态改旗易帜的有效手段。底线思维是唯物辩证法在我国具体实践中的运用，而中国共产党在实践中运用马克思主义的最大特征就是坚持实事求是。实事求是地承认客观危险的存在，从而正视危机，理解并把握危机，充分预估风险的破坏性，调整党的战略方针。马克思主义的思想方法和工作方法是历史实践证明的能够指导党实现远大目标的思想武器，底线思维要求党运用马克思主义应对风险，充分认识危与机的相互联系，在风险挑战中寻找机遇，充分发挥主观能动性，以不畏艰险、敢于担当、甘于奉献、求真务实的精神提供应对挑战的不竭动力。以联系和发展的眼光看问题，不放弃任何蛛丝马迹，敏锐察觉潜伏在深处的危机，早发现、早预防。中国特色社会主义进入新时代，外部环境发生了深刻变化，世界多极化、经济全球化趋势在曲折中深入发展，国内国际环境在大变局下深刻演变，各类武装冲突和局部战争此起彼伏，党的事业发展面临的动荡源迅速增多，此背景下中国共产党只有坚持运用底线思维的指导才能于风云变幻的全球环境中屹立不倒，不断创造伟大事业的新胜利。

（三）实现中华民族伟大复兴的时代要求

强化底线思维是认识把握国内外环境的深刻变化和我国改革发展稳定面临的新情况新问题，坚持稳中求进工作总基调的原则要求；同时也是应对各种风险挑战、维护国家安全、保持我国经济社会持续健康发展、不断推进中国特色社会主义事业、实现第二个百年奋斗目标和中华民族伟大复兴中国梦的内在要求。中国特色社会主义进入新时代，“我们的事业越前进、越发展，新情况、新问题就会越多，面临的风险和挑战就会越多，面对的不可预料的事情就会越多”①。立足新的历史起点，实现伟大复兴中国梦，需要保持充分的战略定力和战略耐心，只有党员干部牢固树立底线思维，才能时刻保持高度警惕，不断提高党把方向、谋大局、定政策、促改革的能力和定力，健全各方面风险防控机制，下好先手棋、打好主动仗，有效防范、抵御、应对、化解各种风险；才能搞清楚党的工作的底线在哪里、风险在哪里；自己的行为底线、思想底线又应该在哪里；明确哪些事情可以做、哪些事情不能做，最坏的情况是什么、最好的结果是什么，从而防范风险的来临，保证党的事业发展的质量，推动党和国家事业发生历史性变化、取得历史性成就。

【延伸阅读】

毛泽东在七大强调未来可能出现的 17 条困难

1945 年毛泽东同志在党的七大强调，要“准备吃亏”，在看到“光明”的同时“更要准备困难”，并列举了可能出现的17条困难：第一条，“外国大骂”。英美的报纸和通讯社现在都骂共产党，“将来我们发展越大，他们会骂得越有劲”。第二条，“国内大骂”。是大骂，不是小骂，骂我们“破坏抗战，危害国家，杀人放火，共产共妻，毫无人性，等等”。第三条，“准备被他们占去几大块根据地”。第四条，“被他们消灭若干万军队”。第五条，“伪军欢迎蒋介石”。第六条，“爆发内战”。第七条，“出了斯科比，中国变成希腊”。第八条，“不承认波兰”。这是说我们党的地位“得不到承认”。第九条，“跑掉、散掉若干

① 何毅亭:《学习习近平总书记重要讲话(增订本)》，人民出版社，2014年，第33页。

万党员”。若将来形势不好，“蒋介石、斯科比两面夹攻，到处打枪，有些党员就向后转开步走，跑掉了，散掉了”。第十条，“党内出现悲观心理、疲劳情绪”。第十一条，“天灾流行，赤地千里”。第十二条，“经济困难”。第十三条，“敌人兵力集中华北”。即“日军退出华南、华中，把兵力统统撤到华北”，第十四条，“国民党实行暗杀阴谋，暗杀我们的负责同志”。第十五条，“党的领导机关发生意见分歧”。“上述困难一来”，就可能出现党内“议论纷纷，莫衷一是，不满意，等等”。第十六条，“国际无产阶级长期不援助我们”。第十七条，“其他意想不到的事”。

——选自：沈小平《如何运用底线思维》[J]，《党课参考》，2018 年第 176 期。

第二节　中国共产党运用底线思维的实践历程

我国自古以来就有对底线思维的运用，一方面在小农经济的影响下，民众的生产生活是与土地密切相连的，形成了“安土重迁，黎民之性；骨肉相附，人情所愿也”的乡土观念，底线思维在这种背景下和求稳心态紧密捆绑。另一方面古代中国的智慧中一直具有一种忧患意识和危机意识，在孔孟的儒家文化下，类似“生于忧患，死于安乐”的主张恰是底线思维中风险评估论调的重要来源。正是在这些中国古代思想的传承延续下，中国共产党从我国的革命、社会主义建设和改革的具体实践中，逐渐总结出底线思维这一科学的认知并反过来用它指导新的实践。

一、十八大之前党运用底线思维的探索实践

1922 年党的二大提出“建立一个统一的民主共和国”这一最低纲领，标志着底线思维在党的历史上第一次被运用。随后，我们党总结经验教训，选举毛泽东作为党的核心，主张要以坚定的马克思列宁主义辩证唯物法看待中国复杂的社会历史条件，充分分析实践发展中的困难和问题，对其进行最坏

设想，洞见党展开革命的本质并预见性地提出应对方法，牢牢守住党的底线。

（一）新民主主义革命时期

新民主主义革命时期我们党对底线思维的运用主要表现在站稳人民立场、把准斗争方向、未雨绸缪应对困境上。首先，中国共产党始终守住与人民群众保持血肉联系的底线。1927 年工农革命军向井冈山进发途中，为了避免红军的部分不当行为损害人民利益，影响党的形象，毛泽东首次提出“三大纪律”，后来发展为我们熟知的“三大纪律八项注意”。党在人民立场上坚守底线，为获取伟大胜利奠定坚实群众基础。其次，遵义会议后，中国共产党在毛泽东的带领下准确把握红军长征要以保存有生力量取得胜利作为最低目标这一基本点展开活动，本着打得赢就打，打不赢就走的原则，在战争中尽可能多地减少伤亡，极大保存了红军实力。面对张国焘坚持“南下”企图分裂党和红军的行为，中共中央从维护红军整体的大团结角度出发向张国焘作出了部分让步，杜绝党的军、政两方面权力同时旁落的可能，在底线思维的指导下，红军长征顺利完成，党的力量得到很好保存。

此后，毛泽东在《学习和时局》中总结党历史上曾经有过的四次大的骄傲，告诫全党应该对国内外局势和党内外事务从最坏处进行全盘考虑，树立忧患意识，作好对付非常困难的准备。在中央代表团赴重庆谈判前，党中央起草相关通知，预判整场谈判的结果，强调为了总体和平共产党愿“准备给以必要的不伤害人民根本利益的让步”①，但是“人民的武装，一支枪，一粒子弹，都要保有，不能让出去”，同时全党同志“绝对不要依靠谈判，绝对不要依靠国民党发善心”②，充分认识国民党的反动属性，以革命的两手应对反革命的两手，不放弃在谈判中争取党和人民的利益，同时做好打的准备，在国民党坚持发动内战之际迅速反应并最终获得战争胜利，顺利建立起中国共产党领导下的新中国。

（二）社会主义革命和建设时期

中华人民共和国成立标志着中国从此走向向社会主义过渡的新时期，这

① 毛泽东：《毛泽东选集》（第四卷），人民出版社，1991 年，第 1154 页。
② 毛泽东：《毛泽东选集》（第四卷），人民出版社，1991 年，第 1152 页。

一时期中国共产党的任务是领导人民完成社会主义革命，摆脱当时国家“一穷二白”的现状，让社会主义的中国在国际站稳脚跟。党这一时期底线思维的运用表现在两方面：

第一，坚决捍卫国家主权，作好战斗准备。新中国成立之初，帝国主义虎视眈眈，企图从事分裂中国的行为，虽然朝鲜战争暂时取得了胜利，党中央却从中嗅到美国侵犯中国的企图，决定在军事上未雨绸缪，宣布一旦美军越过三八线，“我们不能坐视不顾，我们要管”[①]，随后美军越过鸭绿江，中国便毫不犹豫拉开抗美援朝序幕并最终将美军打退至国界线附近。20 世纪 50 年代，面对苏联提出的企图在中国的领土和领海上建立中苏共有共管的长波电台和联合舰队的建议，党中央严辞拒绝，毫不退让。面对美国企图武装插足台湾的行径，党中央施行一方面在金门持续炮击，另一方面与美国开启谈判的方式捍卫国家底线。

第二，守住国家安全底线，防范动荡风险。在与苏联关系恶化后，当时国力还较为弱小的中国面临三面环敌的状况，为了防范敌人的突袭和国家安全的威胁，党中央审时度势，提出搞“三线建设”，认为“我们把三线的钢铁、国防、机械、化工、石油、铁路基地都搞起来，那时打起仗来就不怕了。有了准备就可能不打了”[②]，随后在国家西南、西北三线部署新建、扩建和续建大中型项目 300 多个，促进了国民经济的发展并带动了中西部落后地区与沿海的接轨，为我国现代化建设奠定了坚实基础，推动了国防能力大跨步提升，党对底线思维的运用很好保障了国家和人民的安全。

（三）改革开放和社会主义现代化建设新时期

一方面，为满足社会主义社会物质积累和人民生活发展的需要，中国共产党作出实行改革开放的历史性决策，而为了防范这一新的国家战略实施中的风险，邓小平指出“我们要把工作的基点放在出现较大的风险上，准备好

---

① 中华人民共和国外交部、中共中央文献研究室：《周恩来外交文选》，中央文献出版社 1990 年版，第 25 页。

② 中共中央党史研究室：《中国共产党的九十年》，中共党史出版社 2016 年版，第 533 页。

对策。这样，即使出现了大的风险，天也不会塌下来”[①]。党坚持“加强顶层设计”和“摸着石头过河”相结合的原则，实行社会主义市场经济，强调公有制的主体地位，在国家宏观把控下充分促进市场活力，在经济迅速增长中防范共同富裕价值取向的偏移。面对世界资本主义市场的冲击，党以坚持四项基本原则为底线，牢牢把握社会主义方向的不动摇，强调改革是动力，发展是目的，稳定是前提，“中国的问题，压倒一切的是需要稳定；民主是我们的目标，但国家必须保持稳定。”[②]

另一方面，党始终立足实际情况制定国家方略，为充分利用国际市场和全球资源实现发展，中国决定加入世界贸易组织。江泽民同志指出“中国要参加，毫无疑问是作为发展中国家参加”。[③]这是党领导下的国家遵循自身性质和发展阶段作出的重大判断，我国坚持从实际出发，以“态度积极、坚持原则、我们不急、水到渠成”的方针与西方国家进行经济谈判，稳守经济博弈阀门。在这种思想的指导下，中国共产党守住底线，守住了国家在经济迅速发展前提下仍保持社会长期稳定的根本保障，顺利推进中国特色社会主义伟大事业。以胡锦涛同志为总书记的党中央提出科学发展观指导党和国家工作，科学发展观的核心是以人为本，即党和国家在遵循发展是硬道理的同时，必须守住以人为本的底线，进行改革开放和社会主义现代化建设，归根到底都是为了实现好、维护好、发展好最广大人民的根本利益，正是党和国家坚守这一底线，才实现了经济快速发展和社会长期稳定。

二、进入新时代党运用底线思维的具体实践

党的十八大以来，习近平总书记多次强调底线思维的重大意义，“告诫全党时刻牢记‘安而不忘危，存而不忘亡，治而不忘乱’。新形势下，我国面临复杂多变的发展和安全环境，各种可以预见和难以预见的风险因素明显增多，

① 邓小平：《邓小平文选》（第3卷），人民出版社，1993年，第267页。

② 中共中央党史研究室：《中国共产党的九十年》，中共党史出版社2016年版，第768、769页。

③ 改革开放简史编写组：《改革开放简史》，人民出版社、中国社会科学出版社2021年版第148页。

如果得不到及时有效控制也有可能演变为政治风险。全党同志特别是各级领导干部必须增强风险意识，提高防范政治风险能力。”[①]面对国际形势的风云变幻，面对社会转型期新旧问题的冲击，面对肆虐全球的新冠疫情给世界经济带来的巨大震荡，中国共产党带领的社会主义中国之所以能够保持国家经济的高质量发展和社会的长期稳定，与党将底线思维运用于中国特色社会主义建设和党的建设中是密不可分的。

（一）加固“底板”，以全面从严治党保障国家稳定

中国特色社会主义新时代是顺应人民期待、踔厉奋发的新时代新征程。中国共产党肩负着带领中国人民走实现中华民族伟大复兴中国梦的历史使命，要实现共同理想，就需要明白“打铁必须自身硬”的道理，如果党不注重自身的建设，使得党的内部出现问题，国家的发展也必然面临巨大考验。因此新时代党中央提出要将全面从严治党作为党的建设总方针，要将党培养成一个善于预估风险，善于处理风险的党。党中央以“不忘初心，牢记使命”主题教育、“三严三实”专题教育、党的群众路线教育实践活动等筑牢党员干部思想底线，以不断完善的党内制度法规体系规范党员干部行为，以反腐败工作无禁区、零容忍、全覆盖和“老虎”“苍蝇”一起打的雷霆手段，营造不敢腐、不能腐、不想腐的政治氛围，筑牢党员干部行动底线。新时代，中国共产党以刀刃向内、刮骨疗毒的勇气，通过不懈自我革命保持党的健康肌理。正是全面从严治党的一系列举措，让党作为人民追求幸福生活的领路人始终保持清晰头脑，以底线思维防范自身被侵蚀，使得党的群众基础始终牢固，党推行的方针政策始终确保国家社会主义道路方向的稳固。

（二）排查“坏板”，以查漏补缺避免习以为常的风险

“灰犀牛事件”是指在习以为常的事件中隐藏的概率大、影响大的潜在危机，在发酵之前往往被视为正常现象，以致于错过最好的处理时机，最终可能导致极严重后果。改革开放以来，为了促进经济增长，中国实体经济一直处于加杠杆的状态，促进金融市场的迅速繁荣，然而杠杆越大风险越大，党

---

① 中共中央党史和文献研究院:《十九大以来重要文献选编（上）》，中央文献出版社，2019 年，第 556 页。

和政府以底线思维深入考量中国市场杠杆运作，决定以保护市场稳定为底线，在2016年的五大经济政策任务中，去杠杆位列其首，虽然迄今为止由于体量原因效果不显著，但党中央对国家运转的宏观调控力和忧患意识尽数体现。“用大概率思维应对小概率事件，牢牢守住不发生系统性风险的底线”，新时代以来，中国共产党继续运用底线思维，居安思危，积极思考和整治潜在威胁，以此来保障国家发展和社会稳定。

（三）预防“爆板”，以忧患意识防范出乎意料的冲击

底线思维对忧患意识要求颇高，新时代以来国际环境可谓波谲云诡，单边主义和霸权主义在世界范围内的抬头让全球形势变得不可预见，近年来资本主义世界对社会主义国家在经济上、政治上的封锁力度进一步加大，中国的国际环境不容乐观。在中国共产党的带领下，第二个百年奋斗征程正徐徐拉开，国家正站在新的历史结点上，经济形势也呈现稳中有变的特点。中国共产党坚持底线思维，强调注意防范化解各领域重大风险，既要有防范风险的先手，也要有应对和化解风险挑战的高招，政治上坚决贯彻总体国家安全观，落实党中央关于维护政治安全的各项要求，确保我国政治安全。经济上在保持战略定力的同时未雨绸缪，精准研判并妥善应对经济领域可能出现的重大风险。科技上完善国家创新体系，加快补短板，以自主创新制度机制防范国际高精尖技术垄断。社会领域继续着力解决人民切实利益问题，站稳党的人民立场。国际交往上统筹国内国际两个大局和发展安全两件大事，既聚焦重点，又统揽全局，有效防范各类风险连锁联动。中国共产党以积极主动的防范意识和强有力的应对手段不断化解国家发展过程中的突发性问题，展现了党坚强的领导力和社会主义制度的优越性，也进一步证明了底线思维对党带领国家实现发展的重大意义。

【延伸阅读】

吴德峰：守住底线，不开后门

吴德峰，原名吴士崇，字德峰，曾用名吴铁铮、铁峰、戚元道。湖北保康县歇马镇石磐村人，是一位中国共产党的优秀党员、忠实的马克思主义者、

老一辈无产阶级革命家和隐蔽战线的杰出领导人。新中国成立后，吴德峰长期担任政法战线的领导工作。有一次，他继母的一个侄儿因为当过国民党特务而被人民政府逮捕，亲戚前来求情，他严肃地说："我们是共产党，不是国民党，求情无济于事。"亲戚无功而返。镇压反革命时，吴德峰的胞弟吴世悉被群众举报，当地政府认定他有罪，便派人到武汉将其抓回保康县。亲属们到武汉求时任武汉市市长的吴德峰帮忙，让他给当地政府打招呼关照。吴德峰不但没做打招呼的工作，反而一直说服亲属，要严格按照当地政府的政策办。吴德峰任最高人民法院常务副院长期间，原来的部下曾有人求他解决一些个人问题，每次都遭到他的拒绝。他对来人说："正因为你原来是我的部下，我才更要严格要求你、爱护你。我们都是党培养多年的干部，可不能拿党的原则当儿戏！"由于吴德峰总是把前来疏通关系的亲朋好友拒之门外，他的勤务员常常感慨，"要走吴老的后门算是没门，他叫你连窗户都爬不进去！"

——选自戴绪恭主编：《荆楚魂——湖北100位爱国名人》，华中师范大学出版社，1995年。

第三节　党员干部提高底线思维能力的基本要求

坚守底线是维护国家和社会稳定的基础，在行为过程中一旦涉及突破底线，不仅这个行为本身失去了原有的意义，也必然会对整体造成不良影响。坚持底线思维是党治国理政的重要思维方法、工作方法和领导方法，是面对当前国内外环境确保我国改革发展稳定的必然要求。对于广大党员干部而言，增强大局意识，守住政治责任，常怀忧患之心，牢固制度网络，是新时代接续承担发展党和人民的事业的重任，也是正确运用底线思维的实践要求。

一、提高政治站位，增强政治敏锐性

自觉践行底线思维的关键在于学会预判，"明者防祸于未萌，智者图患于将来"，这种预判是建立在明确的政治站位基础上的，政治属性是政党第一位

的属性，政治站位是党员干部最根本、最基础、最重要的站位，反映党的政治路线和政治追求。对于党员干部而言，学习正确运用底线思维，首先要提升政治站位，增强政治敏锐性。

（一）提升政治自觉，旗帜鲜明讲政治

理论层面，旗帜鲜明讲政治是马克思主义执政党建设的根本性要求，中国共产党应该明晰其“两个先锋队”性质，党的各项工作要围绕“我是谁”“为了谁”“依靠谁”展开。现实层面，政治站位为加强党的全面领导提供政治支撑。立足党的百年历史新起点，政治站位的稳固确保党员干部在开创党的建设新格局背景下的政治鉴别力、执行力和组织力，并确保其有力把握应对“四大危险”和“四大挑战”的主动权。实践层面，政治立场是党员干部成功运用底线思维防范和应对各种风险挑战的基本立场，从政治上理解和把握问题，才能从思想上领悟结症，把准国家事业发展大方向，发挥政治优势。

新时代党的历史性成就证明了党中央具备运筹帷幄的全局眼光和运用底线思维防范应对风险挑战和有效防控有可能迟滞、阻碍中华民族伟大复兴进程的全局性、系统性风险的能力。提升政治自觉就是要自觉向党中央看齐，向习近平总书记看齐，就是要坚定认同核心、坚决维护核心、时刻紧跟核心，增强自身政治判断力和政治定力，在政治立场、政治方向、政治原则、政治道路上与党中央保持高度一致。在学懂弄通做实上下功夫，自觉把思想和行动统一到党中央对形势的科学判断和作出的战略部署上来，从党的基本理论、基本路线和基本方略中领悟和学习党的核心的政治意识。学会从党和国家前途命运的高度看待党的活动和自己的工作，通过提高自身政治自觉，学会预判风险、把握风险走向以谋求战略主动，从而确保整个党的团结并带领人民应对挑战、克服阻力，不断从胜利走向胜利。

（二）提升思想自觉，坚持以习近平新时代中国特色社会主义思想为指导

习近平新时代中国特色社会主义思想是当代中国马克思主义、二十一世纪马克思主义，是中华文化和中国精神的时代精华，是全党全国人民为实现中华民族伟大复兴而奋斗的行动指南，实现了马克思主义中国化新的飞跃，

深化了党对共产党执政规律、社会主义建设规律、人类社会发展规律的认识。

对于新时代的广大党员干部来说，站稳政治立场就是要在思想上以习近平新时代中国特色社会主义思想为指导，深刻理解和正确把握“十个明确”“十四个坚持”的精髓要义和丰富内涵，深刻理解新时代的基本特征、主要矛盾和党的战略举措，领会党中央统筹推进“五位一体”总体布局、协调推进“四个全面”战略布局的各项部署的深意和远见；清醒认识党面临的“四大考验”的长期性和复杂性，“四种危险”的尖锐性和严峻性，不断增强大局观念、正确认识大局、自觉服从大局、坚决维护大局，高度重视维护全局利益、长远利益、根本利益；把习近平新时代中国特色社会主义思想转化为坚定理想、锤炼党性和指导实践、推动工作的强大力量，充分认识中国特色社会主义最本质的特征是中国共产党领导，中国特色社会主义制度的最大优势是中国共产党领导，党是最高政治领导力量这一重大论断的理论与实践意义。

（三）提升实践自觉，善于从政治上观察处理问题

习近平总书记指出，党员干部应该“善于从政治上谋划、部署、推动工作”，自觉践行坚定的政治立场。当前中国全面深化改革已经进入深水期和攻坚期，“容易的、皆大欢喜的改革已经完成了，好吃的肉都吃掉了，剩下的都是难啃的硬骨头”[①]，要求提供更高层次的开放型经济环境，推翻过去发展中形成的利益固化的藩篱，为改革开放迎来新的局面。

党员干部提升政治站位，需要以大局观指导实践，通过对全局的不断思考和认识锻炼自身政治敏锐度，增强政治判断力和政治执行力，在大局下定位、在大局下思考、在大局下行动，从而真正在思想上政治上行动上同以习近平同志为核心的党中央保持高度一致，坚持把对党绝对忠诚作为根本政治要求和最重要的政治纪律，自觉维护党中央权威，在重大政治原则上站稳立场，保证中央到地方政令的畅通，中央政策方针的顺利落地。这种政治实践过程反过来又进一步加深党员干部个人对党的地位、性质和使命的认识，

① 中共中央宣传部：《习近平总书记系列重要讲话读本》，人民出版社，2016 年，第 55 页。

强化其自身政治能力，在思想层面提升政治站位。不断提升政治站位的高度，增强自身政治敏锐性，能够帮助党员干部紧紧跟随党中央的指示，同时能够理解党中央的各项政令，从大局角度敏锐察觉国家和身边政治工作的潜在危机，从而下好先手棋，打好主动仗。要站稳马克思主义政党的立场，站稳人民的立场，站稳应对新时代国内国际威胁中国特色社会主义道路前进的各项危机的立场。党员干部只有提升政治站位，学会防微杜渐、抽丝剥茧、去伪存真，才能在应对冲击中稳住心态，在科学预见形势的基础上，整合各方力量进行有效对抗，从而转危为机。

二、强化风险意识，提高政治鉴别力

“安而不忘危，存而不忘亡，治而不忘乱。”底线思维是客观上设定最低目标，立足最低点基础上争取最大期望值的思维方式，对风险的忧患就是底线思维的来源。今天的中国比历史上任何时期都更接近、更有信心和能力实现中华民族伟大复兴的目标，这种历史地位要求全党立足新的起点，继续保持战略定力、锚定战略目标，牢记“国之大者”，同时强化风险意识，以政治鉴别力防范政治风险。

（一）增强风险意识，做到见微知著防患未然

“居安思危，思则有备，有备无患”，中国共产党根植于中华民族几千年来饱含的忧患观，在过去的行动中保持高度警惕性，自觉留意各项风险，有效观察风险、防范风险，同时在风险意识指导下对过去的经验教训进行总结，在防范风险中积累经验并更高效地指导实践。进入新时代，不断增强忧患意识是党预测和探索风险挑战，稳步实现发展的必然要求。未来挑战依然严峻，树立正确的风险观，有效防范风险的传导和演变，阻挡小的风险发展成大的风险，局部的风险发展成系统的风险，是中国共产党接续发展的必然考量。

增强风险意识，党员干部要积极认识风险，在新时代背景下，我国面临着各方面风险不断积累甚至集中显露的时期，不论是从国家全局角度思考经济、政治、军事、社会风险，还是从党员干部个人工作生活中可能面临的各种专业性风险考虑，正确认识都是防范化解风险的基本前提。党员干部一方

面要积极反思自身面临风险时的能力短板，另一方面要积极展开对可能风险的调查和认知，做到敏锐洞悉、理性研判从而科学决策。增强风险意识，党员干部要学会居安思危，前置防范风险的程序，面对潜在风险保持谨慎，做到早识别、早预警、早报告、早处理，减少风险带来的消极影响。再者，风险意识要求对未知可能进行预估，而这种未知中也可能暗藏机遇，主动回应风险，通过合理决策和顺势而为抓住机遇、赢得机会，辩证地看待风险，不仅要化解当时的危机，还要以危机促发展，以危机健机制，将在一次次风险中获得的利益最大化，促进党和国家事业不断发展壮大。

（二）增强政治鉴别力，准确识别风险挑战

所谓政治鉴别力，就是个体站在政治高度对国内外各事件、形势、现象、思想等进行鉴别、分析和判断的能力，是确保政治方向、政治立场、政治观点的正确性或者称为与个体所在政党相匹配的能力。提高党员干部政治鉴别力有利于其明确政治方向，从长远来看是为实现共产主义远大理想而奋斗，立足于我国当前社会主义初级阶段的历史现状，就是坚定不移沿着中国特色社会主义道路前进；有利于党员干部以马克思主义的观点和方法观察、认识和解决遇到的一切问题，防御西方资产阶级思想对党员干部的入侵；有利于党员干部遵守政治纪律，保证党的先进性和纯洁性，以正确的政治方向、政治立场、政治观点防止思想蜕化、信念动摇，从而守住党员干部的政治底线，防范纪律意识的淡化。

党员干部提升政治鉴别力要善于运用唯物辩证法，坚持用两点论看问题，以坚定的理想信念作为前提。坚定的共产主义理想信念为党员干部打下牢固的世界观、人生观、价值观和权力观基础，为党员干部认识世界和从事实践活动提供指引，也为其进行政治判断提供动力。党员干部应该主动培养自己对政治环境的敏锐洞察力，在面对政治是非问题时能够透过现象看本质，防范有损党的事业和人民利益的观点和言行，打着客观公正甚至是民主人权的幌子侵入党的执政环境中。敏锐感知出现在身边的隐秘的或是新潮的言论，并培养自己严谨分析的能力，对接收到的观点历史地、辩证地看待，去伪存真、批判继承，有效阻断错误观点对自己思想的侵蚀和在党内传播。另外由

于每位党员干部生活环境的不同，接触到的信息有所不同，某些党员干部可能一个不慎就已经被不良环境包裹，这种情况下的政治鉴别力就要求党员干部格外保持政治头脑清醒，防止自身的迷失。

（三）增强政治敏锐性，有效切断风险转化通道

打赢防范化解重大风险攻坚战，在风险面前赢得主动权，要防范风险的传播和转化。世界局势的变化和国家发展阶段性差异，来自经济、社会、政治等领域的风险不仅自身产生了许多新变化，且各种风险往往不是孤立出现的，而是时常呈现为风险间相互交织的整个风险综合体。中国特色社会主义制度和国家治理体系是已被实践证明了的一整套行得通、真管用、有效率的制度体系，同时也应该看到，这套体系中存在着一些与新的历史环境不匹配的部分，以及一些一直被忽略而没有得到有效规定的漏洞，这些短板和漏洞亟待完善和改进，要求党员干部拉紧风险防范神经。

党员干部在开展工作时，必然接触到涉及社会生活各方面的多维因素，由于这些因素的综合性，即使党员干部立足政治立场，对某一方面的潜在风险作出了正确的评估并着手处理，也存在风险扩散的可能。预测和防控风险的过程中，党员干部不仅要聚焦防范可能阻滞、破坏改革发展稳定和中华民族伟大复兴进程的全局性风险，又要统揽风险防控大局，准确理解敏锐发现各风险间可能相互流通和影响的蛛丝马迹，高度重视并及时阻断不同领域风险的转化通道，避免各领域风险发生交叉感染，尤其防止工作中的非公共性风险扩大为公共性风险、非政治性风险蔓延为政治风险。

三、发扬斗争精神，增强政治洞察力

习近平总书记指出，“防范化解重大风险，需要有充沛顽强的斗争精神”，要在当前国家的历史转折点上进行具有许多新的历史特点的伟大斗争。发扬斗争精神是科学培养底线思维的有效手段，最重要的是防止政治上的麻痹。习近平总书记提出衡量党员干部有没有斗争精神、是不是敢于担当，要看“面对大是大非敢不敢亮剑、面对矛盾敢不敢迎难而上、面对危机敢不敢挺身而

出、面对失误敢不敢承担责任、面对歪风邪气敢不敢坚决斗争”。[①]

（一）面对大是大非敢于亮剑

习近平总书记强调，斗争精神本不是与生俱来的，是需要全体党员干部经受严格的思想淬炼、政治历练和实践锻炼，从而形成坚定斗争意志、把准斗争方向、明确斗争任务、掌握斗争规律、讲求斗争方法，在斗争中经风雨、见世面从而长才干、壮筋骨，而后掌握的一整套精神方法。我们的斗争是有方向、有立场、有原则的，所谓大是大非问题，对于政党和国家而言，主要的就是宗旨和道路问题。党员干部要牢固树立是非观，“在道路、方向、立场等重大原则问题上，旗帜要鲜明，态度要明确”[②]，要树牢“四个意识”，坚定“四个自信”，做到“两个维护”，对于可能威胁到党和国家事业的言论和行为，应该头脑清晰，立场坚定，承担起敢于批评、敢于较真碰硬、敢于说“不”的责任，勇敢站在风口浪尖上为确保党和国家的方向不走歪而发声亮剑。

（二）面对矛盾敢于迎难而上

“天下兴亡，匹夫有责”不仅是中华民族的优良传统，也是党员干部应当具有的良好品质，矛盾无处不在、无时不有，积极的斗争也应当是必须的，改革进入深水区，推进改革的复杂性、敏感性和艰巨性空前加大，面临的任务更重、矛盾更多、难度更大，在当前国内国际两个大局和诸多风险挑战下，党员干部尤其不可秉承着遇到问题绕着走、遇到困难躲着行的庸人原则，不做“先行官”而做“避事佬”。党员干部应当将高标准的履职尽责作为工作基本要求，在矛盾面前不逃避、困难面前不低头，以“明知山有虎，偏向虎山行”的精神迎难而上，牢固树立进取意识、机遇意识、责任意识，勇于攻坚克难，战胜“四种危险”，因势利导、披荆斩棘。党员干部拉起政治底线，在维护国家核心利益上敢于针锋相对，遇强更强、愈挫愈勇，敢于较真碰硬，时刻保持政治清醒，培养分析和化解矛盾的能力，时刻保持共产党人敢于斗

---

① 中共中央党史和文献研究院:《十九大以来重要文献选编(中)》,中央文献出版社,2021年,第400页。

② 中共中央宣传部：《习近平总书记系列重要讲话读本（2016年版）》，人民出版社，2016年，第300页。

争的风骨和胆魄。

（三）面对危机敢于挺身而出

党员干部的斗争精神体现在日常工作中，更体现在关键时刻和危急关头。全体党员干部应打消求稳心态，打消一切“风平浪静”、自己能“全身而退”的幻想，主动应对风险与挑战，关键时候豁得出来、顶得上去，不怯懦、不畏缩，将责任扛在自己肩上，将个人的得失抛之脑后。这是共产党人的优良传统和党性涵养，也是在新时代党情世情国情下能够在危机中发现先机，在变局中寻找新开局的必然要求。党员干部应该以这一标准要求自己，在一次次的挺身而出中锤炼出不畏风雨的顽强意志，练就担当作为的硬脊梁、铁肩膀、真本事，也使得预见形势发展走势和隐藏其中的风险的能力得到有效锻炼，运用底线思维的能力也逐渐娴熟，从而在有效应对重大挑战、抵御重大风险、克服重大阻力、解决重大矛盾。

（四）面对失误于承担责任

面对失误敢于承担责任是共产党人的政治本色，中国共产党的历史是一部不断修正错误、善于总结经验、逐步走向成熟的历史。党正在带领全体人民从事过去从来没有政党办成的伟大事业，当前一个阶段如何科学应对长期复杂的“执政考验、改革开放考验、市场经济考验、外部环境考验”，如何有效防范和化解“精神懈怠危险、能力不足危险、脱离群众危险、消极腐败危险”，如何“实现中华民族伟大复兴、推进中国特色社会主义伟大事业”，要求党员干部继续发扬勇于担责的精神，正确看待并勇于承认失误，不退缩、不推诿，大胆实践探索，同时积极寻找解决办法，在没有路的地方踏出一条新路，以刀刃向内的自觉进行自我革命。领导干部要在心底无私、克己奉公、敢作敢为、不计个人得失中不断增强承担责任的能力，从失误中汲取经验教训，并转而继续投身于推动党的伟大事业中去。

（五）面对歪风邪气敢于坚决斗争

单纯保守地就底线守底线是不可能守住的。对于一个国家来说，应对和处置风险的过程就是展开斗争的过程，中国共产党在百年建设过程中形成了充满正气和活力的党内政治生活氛围，这得益于共产党人敢于担当的一身正气，敢于与错误思想、错误实践作斗争的强烈斗志。全体党员干部要以习近平总书记提出的“七个有之”进行自查自省，始终保持坚强的党性和坚定的信念，着力增强防风险、迎挑战、抗打压能力，带头担当作为，增强原则性和战斗性，还要自觉同党内和社会上的歪风邪气、丑恶现象、违法乱纪作斗争，敢于担当、敢于交锋、敢于批评，不让歪风邪气滋生而破坏全党的风气。要持之以恒展开与党内存在的“四风”问题的斗争，营造风清气正的政治生态，防止“一团和气”下滋生的暗流，让明辨是非、坚持真理在全党范围内常态化，让坚持真理、明辨是非的党内环境在斗争精神中被营造和保障。

四、培养专业能力，提高政治执行力

党员干部运用底线思维，不仅仅反映于站稳立场、察觉风险、识别危险并勇于面对风险，最终还要落脚到善于应对风险，以解决实际问题为目的。党员干部正确运用底线思维，完整挖掘底线思维的内在潜力，解决问题、消除隐患、降低风险，就应当形成培养自身应对风险能力的意识，在实践中锻造基本素养，同时提高专业能力，真正做到将底线思维付诸实践，将隐藏风险彻底根除。

（一）坚持群众路线，发挥群众的主体作用

中国共产党是在马克思主义指导下为实现全体人民解放和共同富裕展开活动的党，党的一切工作都围绕着群众的需要展开。党员干部运用底线思维一方面要立足于人民群众，密切联系群众，经常了解群众对党、党的工作的批评和意见，了解群众诉求，按照“群众需要什么，我们就做什么”的原则，针对群众的生产生活需求，提供直接服务。要划清群众工作的底线，坚持和发展新时代“枫桥经验”，切实把矛盾纠纷化解在基层，消除在萌芽状态，防止不良反应对党和社会的影响。党员干部一方面要以普遍联系群众的工作新常态，始终牢记与践行为民宗旨，与人民群众想到一块儿、干在一起，凝聚社会主义建设的强大合力，将人民对美好生活的向往变成生动的现实。另一方面要将人民群众视为展开工作的智慧源泉，基层是最大的课堂，群众是最好的老师，做群众工作，学什么方法都不如学群众的方法。尊重人民群众的

首创精神，把人民群众的实践创造作为源头活水，深入实际、深入基层、深入群众，锻炼品质、净化心灵、改进作风，不断增强做好工作的本领。从群众中汲取智慧，不断开阔工作视野、完善工作思路。面对党的工作中潜在的可能风险，党员干部应当从群众的智慧中寻求化解方法，不断强化自身联系群众、深入群众中去的能力，如此才能充分运用底线思维发现危机、化解危机。

（二）立足具体实践，提高调查研究能力

党员干部学会运用底线思维，不只是发现危机、防范危机，还要清除危机，不解决问题，再响亮的口号都是空话，再宏伟的蓝图也是空中楼阁，一分部署，九分落实，只有落实才能解决问题。这要求干部提升自身应对风险、解决问题、善于斗争的能力。调查研究是谋事之基、成事之道，习近平总书记指出，善于斗争就应当“根据形势变化及时调整斗争策略，团结一切可以团结的力量，调动一切积极因素，不断夺取具有许多新的历史特点的伟大斗争新胜利”。[①]马克思主义的实践观认为，实践是理论之源泉，实践是检验真理的唯一标准，要解决问题首先就要立足于具体实践，不扑下身子、沉到一线，亲自察看、亲身体验，很难有所收获。首先，作为以马克思主义为根本指导思想的党，立足于实际情况就是党员干部展开全部工作的基础和底线，“没有调查，没有发言权”，从毛泽东提出要反对本本主义起，重视调查研究、从实际情况出发，就成为中国革命和后来的社会主义建设、改革能够取得不断胜利的重要原因。其次，党员干部以底线思维为指导拔除风险，要划定事态发展的最低限度，以此为指标对实际环境进行评估和预判，开展调查研究，务必扎实深入，在底线之上围绕中心、服务大局开展调查研究，将察觉到的潜在风险与自身工作或所在组织团体的工作内容结合比较，不仅要提防风险与实际结合可能出现的新变化，还要因地制宜创新解决办法。

（三）增强风险意识，强化风险管控化解

中国共产党领导人民进行的伟大事业涉及国家发展的方方面面，对于党

① 中共中央党史和文献研究院:《十九大以来重要文献选编（中）》，中央文献出版社，2021 年，第 716 页。

员干部而言，不仅要有担当的宽肩膀，还得有成事的真本领。正确运用底线思维，化解党和国家面临的各种风险挑战，各级领导干部一方面要增强自身科学决策、把握大政方针的能力，做到中央精神能领悟，中央任务能执行，中央要求能达标。另一方面，作为深入到党和政府各个部门的领导者，作为国家事业的引领者，党员干部应当提高专业化能力，努力成为领导构建新发展格局的行家里手，同时增强补课充电的紧迫感，加快知识更新、优化知识结构、不断拓宽视野。干部的底线是具备基本专业素养，并在此基础上进一步丰富理论体系、厚植文化底蕴，坚持将理论素养与实践历练深度结合，从而成为一名政治强、专业强、领导强的共产党的干部。党员干部在干中学，在学中干，拉好干部自身管理事务底线，切实增强战略谋划之功、落实执行之功、善事成事之功、化解风险之功，在实践磨砺中“增益所不能”。要增强驾驭风险的能力，党员干部不仅要有一叶易色而知天下秋的见微知著能力，还要有培养对潜在的风险科学预判的能力，以谨小慎微、如履薄冰、防微杜渐的态度防范工作中的风险，以榜样为镜也以反面典型为镜，避免自身行为触及底线。知道风险在哪里，表现形式是什么，发展趋势是怎样，通过对风险发展程序的划分和评定把握风险，以更高效率和更有效手段处理风险。

【延伸阅读】

毛泽东运用底线思维顺利处理晋西事变

1939 年 12 月初，晋绥军进攻山西新军和八路军晋西独立支队，制造晋西事变。事变刚一发生，毛泽东马上作出预测：“晋西南新旧军已起武装冲突，晋西北武装冲突亦可能发生。”指明了事变由晋西南向晋西北蔓延的可能。毛泽东还看到，如无阎锡山指使，晋绥军断不敢主动进攻。对这一幕后策划者，毛泽东判断：他的目的“在向我们示威，取得我们让步，以便他能确实掌握晋西南、晋西北两区，压倒新派与我们力量”。在年初召开的国民党五届五中全会上，原则通过了要限制异党活动，开始政治上反共，在 11 月召开的五届六中全会上，则直接部署军事反共了。毛泽东对此有清醒的认识，并将目光又向前推了一步，估计到事变背后隐藏的最坏可能：“这次的冲突，是新旧两派斗争的生死决斗问题，须严重注意，但不是短期能解决的。”既然斗争严重且持久，就不能不指出它可能的结果，以使人明了、心中有数，并趋利避害。此时，晋绥军在晋西南已经得手，正转攻晋西北。若这两处有失，中共的华北各根据地与陕甘宁边区，以及华北各区之间的联系将被切断，这无异于将中共领导的解放区和军队各个分割，置于日军和顽固派的双重夹击之下，结果势将凶多吉少。

吞下这样的苦果，中共断难接受。虽未言明，但从毛泽东的往来电报中可以看出，不惜代价保住晋西北不失，以保持陕甘宁和华北的联系，是他在心中划定的不容突破的底线。毛泽东斩钉截铁地命令“对叛军进攻绝不让步，坚决有力地给予还击”；对新军，则通过“迅速巩固党的领导”“加紧肃清与撤换新军中的反动分子及坏分子”等举措增强其力量；对关键的晋西北地区，他于得知事变发生消息后即刻致电李井泉，让李井泉从大青山速到晋西北，以加强领导。12 月末，毛泽东又致电尚在冀中的贺龙、关向应，将八路军一二〇师调回晋西北。1940 年 1 月，山西新军和八路军在晋西北击溃晋绥军赵承绶部，使后者被迫退向晋西南。通过一系列举措，顽固势力进攻的势头被遏制，友军得以巩固，中共领导下的根据地力量得到明显加强。至此，中共在晋西北的斗争取得胜利。

1940 年 1 月 16 日，毛泽东判断：“晋西北新旧军的斗争，我们已大体上胜利了。”他马上抓住有利时机，一面提出进一步发展晋西北的要求：“晋西北必以突击方式，抓紧目前有利时机，进行一切工作。一切应当快做，迟缓就会失掉时机。”“愈快愈好。”一面争取与阎锡山的和平，并派王若飞、萧劲光前去见阎锡山。经谈判，最后双方商定划区作战，在晋西以汾离公路为界，在晋东南则以临屯公路为界，八路军和新军不过路南。这次事变最后得到较好的解决。并且，阎锡山在蒋介石以后发动的历次反共高潮中基本保持了中立态度，使中共得以集中力量对付国民党顽固势力。

在处理这一事变的过程中，毛泽东通过敏锐的观察，透过表面的现象看到背后的隐忧，由此估计到最坏的可能，虽然设想显得严重了些，但在此基础上划定底线，多措并举，不仅将反共高潮打退，而且争取了事态向好的方向发展。不仅如此，打退这一次反共高潮后，毛泽东还在理论上对抗日战争中统一战线的一系列策略问题有了更深入的思考，提出："抗日战争胜利的基本条件，是抗日统一战线的扩大和巩固。而要达此目的，必须采取发展进步势力、争取中间势力、反对顽固势力的策略，这是不可分离的三个环节，而以斗争为达到团结一切抗日势力的手段。在抗日统一战线时期中，斗争是团结的手段，团结是斗争的目的。以斗争求团结则团结存，以退让求团结则团结亡，这一真理，已经逐渐为党内同志们所了解。"

——选自邵建斌：《论毛泽东坚持底线思维的工作方法》[J].《毛泽东研究》，2020 年第 39 期。

参考文献

[1] 马克思恩格斯选集：[M]. 北京：人民出版社，2012.

[2] 列宁选集：第 2 卷 [M]. 北京：人民出版社，2012.

[3] 毛泽东选集：第 1–4 卷 [M]. 北京：人民出版社，1991.

[4] 邓小平文选：第 1 卷 [M]. 北京：人民出版社，1994.

[5] 习近平．党校十九讲 [M]. 北京：中共中央党校出版社，2015.

[6] 习近平．论中国共产党的历史 [M]. 北京：中央文献出版社，2021.

[7] 习近平．谈治国理政(第一、二、三、四卷)[M]. 北京：外文出版社，2014、2017、2020、2022.

[8] 杨春贵．中国共产党人的战略思维 [M]. 北京：中国社会科学出版社，2018.

[9] 乌杰．系统哲学 [M]. 人民出版社，2008.

[10] 沈湘平．读懂“坚持系统观念”[M]. 党建读物出版社，2021.

[11] 邱昭良．如何系统思考 [M]. 机械工业出版社，2022.

[12] 中共中央宣传部、中央全面依法治国委员会办公室．习近平法治思想学习纲要 [M]. 北京：人民出版社、学习出版社，2021.

[13] 江必新．领导干部的法治思维与法治方式 [M]. 北京：中国法制出版社，2014.

[14] 中共中央宣传部．习近平总书记系列重要讲话读本（2016 年版）[M]. 北京：人民出版社，2016.

[15] 中共中央党史和文献研究院．十九大以来重要文献选编（上），北京：中

央文献出版社，2019.

[16] 习近平 . 辩证唯物主义是中国共产党人的世界观和方法论 [J]. 求是，2019（1）.

[17] 习近平 . 坚持历史唯物主义不断开辟当代中国马克思主义发展新境界 [J]. 求是，2020（2）.

[18] 辛鸣 . 提高战略能力是党员干部的必修课 [J]. 紫光阁，2017（12）.

[19] 韩震 . 以历史思维解读中国现代化道路 [J]. 史学史研究，2022（3）.

[20] 颜晓峰 . 在新时代伟大实践中坚持和运用科学思维方法 [J]. 人民论坛，2022.

[21] 侯衍社，侯耀文 . 在理论创新与实践创新的良性互动中发展 21 世纪马克思主义 [J]. 中国特色社会主义研究，2020.

[22] 韩春晖 . 论法治思维 [J]. 行政法学研究，2013（3）.

[23] 汪习根，汪火良 . 执政党运用法治思维与法治方式的重大意义与基本路径 [J]. 学习与实践，2015（1）.

[24] 宫玉涛 . 领导干部要善用底线思维 [J]. 人民论坛，2020.

[25] 张琳 . 习近平关于“底线思维”重要论述的理论阐释 [J]. 思想理论教育导刊 [J]，2020.

后记

党的十八大以来，在以习近平同志为核心的党中央的坚强领导下，经过全党全国各族人民持续奋斗，我们实现了第一个百年奋斗目标，在中华大地上全面建成了小康社会。党的二十大报告指出，从现在起，中国共产党的中心任务就是团结带领全国各族人民全面建成社会主义现代化强国、实现第二个百年奋斗目标，以中国式现代化全面推进中华民族伟大复兴。新的征程上，我们党要团结带领人民如期实现第二个百年奋斗目标，实现中华民族伟大复兴的目标，一定离不开科学思维的有力支撑，必须得善用科学的思维方法推进各项工作。因为思维方法科学与否，直接影响着人们对事物的认识和判断，在一定意义上决定着实践活动的成效。我们党自成立起就高度重视在思想上建党，其中很重要的一条就是坚持用马克思主义哲学教育和武装全党。在我们党一百多年来的奋斗历程中，历来注重坚持和运用科学的思维方法，这是我们党正确认识世界和改造世界的好传统。毛泽东同志在《矛盾论》中就强调，共产党人“不但要研究每一个大系统的物质运动形式的特殊的矛盾性及其所规定的本质，而且要研究每一个物质运动形式在其发展长途中的每一个过程的特殊的矛盾及其本质”。

“每一个时代的理论思维，包括我们这个时代的理论思维，都是一种历史的产物，它在不同的时代具有完全不同的形式，同时具有完全不同的内容。”党的十八大以来，中国特色社会主义进入新时代。以习近平同志为核心的党中央统筹国内国际两个大局，着眼于党面临的主要任务，多次强调思维方法对我们做好工作的极端重要性。习近平总书记指出，“全面建成小康社会后，我们将开启全面建设社会主义现代化国家新征程，我国发展环境面临深刻复杂变化，发展不平衡不充分问题仍然突出，经济社会发展中矛盾错综复杂，必须从系统观念出发加以谋划和解决，全面协调推动各领域工作和社会主义现代化建设”，领导干部要“提高战略思维、历史思维、辩证思维、创新思维、法治思维、底线思维能力，善于从纷繁复杂的矛盾中把握规律，不断积累经验、增长才干”。新时代党员干部要认真学习以上这些思维方法，努力掌握每一种思维方法的科学内涵和实践要求，加强对马克思主义哲学的学习和运用，更好地推动党和国家事业发展。

为帮助广大党员干部深刻学习领会战略思维、历史思维、辩证思维、系统思维、创新思维、法治思维、底线思维，我们组织全国党校（行政学院）、高校系统部分骨干教师共同编写了本书。全书共分为七课，原国家行政学院副院长周文彰教授（哲学博士）担任编委会顾问并作序，中央党校（国家行政学院）哲学教研部主任、博士生导师冯鹏志教授（哲学博士）担任编委会主任并撰写概论。具体分工如下：第一课由杭州市委党校（行政学院）马克思主义理论与政治学教研部副教授刘钊（哲学博士）执笔；第二课由云南省委党校（行政学院）哲学教研部讲师付莉萍（哲学博士）执笔；第三课由云南省委党校（行政学院）哲学教研部副主任、副教授白婧（哲学博士）执笔；第四课由广州铁路职业技术学院马克思主义学院副教授李小艳（哲学博士）执笔；第五课由吉林省委党校（行政学院）省情研究中心副研究员刘鹏执笔；第六课由广西区委党校（行政学院）法学教研部副教授罗文岚执笔；第七课由湖南省委党校（行政学院）党的建设教研部教授谭鹏（法学博士）、付祖瑛执笔。本书由我担任主编，负责全书框架结构和章节设计，组织编写并进行统稿；白婧、谭鹏担任副主编，协助进行相关工作。

在本书编写过程中，得到了全国党校（行政学院）系统众多专家学者的关心、支持和帮助。希望本书能对新时代广大党员干部深入学习贯彻习近平总书记系列重要讲话精神，不断提高七大思维能力、善用科学思维方法，有一定的启发和帮助。非常感谢本书写作团队中每一位老师对我工作的大力支持、配合和鼓励，他们的许多见解对我有很大的启发，让我学有榜样、行有示范、赶有目标。在写作中我们参考了国内外一些专家学者的研究成果，编写时尽最大努力作了标注，但受制于精力和能力，难免会有疏漏之处，敬请相关专家学者见谅，在此深表谢意！新华出版社对本书的出版高度重视并给予了大力支持，在此表示感谢！由于编者水平有限，书中难免会有不足之处，敬请广大读者批评指正。如果有意见和建议，欢迎发送至邮箱：525065681@qq.com，以便再版时及时修改和完善。

尚传斌

2023 年 1 月于南宁